Manfred Poser

Phantome der Berge

Manfred Poser

PHANTOME DER BERGE

Der Yeti, Feen und viele Geister

Eulen Verlag

Vorderseite: Nebelbild, vom Matterhorn aus gesehen,
14. Juli 1865; Zeichnung von Edward Whymper

Alle Rechte vorbehalten – Printed in Germany
© 1998 Eulen Verlag Harald Gläser, Freiburg i. Br., Hebelstraße 11
Überzug: Neil McBeath
Satz: Fotosetzerei G. Scheydecker, Freiburg i. Br.
Druck/Verarbeitung: Freiburger Graphische Betriebe, Freiburg i. Br.
ISBN: 3-89102-308-1

Inhalt

Vorwort

Die Berge waren da, bevor der Mensch da war. Sein Blick wurde von den steinernen, unmenschlichen Hindernissen förmlich in die Höhe gezogen, und in die Knie zu gehen, war keine unangemessene Reaktion. Denn klein mußte er sich fühlen, der Mensch der Frühzeit, furchtsam war er und immer in Gefahr. Donnerschläge rollten über ihn weg, Blitze fielen aus dem Himmel, Regen schoß hernieder, und dann ging immer einmal wieder die Sonne auf und wieder unter – ohne daß dieses Lebewesen inmitten so vieler Bedrohungen sie anzuhalten oder zu beschleunigen verstand. Da so vieles geschah dort draußen und um ihn her, mußten auch viele Kräfte am Wirken sein; und da der kleine Frühmensch schon damals nichts Interessanteres kannte als sich selber – denn die Tiere stolperten scheinbar nur blindlings umher –, mußten diese Kräfte wohl etwas wie riesige, mächtige Menschen sein, die sich verborgen hielten und gegen die kein Kraut gewachsen war …: die Götter! Und was war nun wieder los? Da krochen Wolken um die Gipfel, türmten sich auf zu blendend weißen Gebilden, schlichen in die Klüfte – was mochte dort oben sich abspielen? Wer kochte für wen? Auf den Bergen leben die Götter, hieß es daher. Und auf manchen Hügeln treiben Dämonen und Elementargeister ihr Unwesen.

So entstanden Sagen, die über Jahrhunderte weitergetragen wurden. Aber Menschen haben sich nicht nur aus blanker Angst etwas „zusammengesponnen", sondern viele haben handgreifliche Dinge erlebt dort oben. In den Bergen, weit weg von den vielen Gegenständen und Ablenkungen unseres Alltags, taucht der Wanderer in die Einsamkeit ein. Die Natur, wenn sie nicht gerade zu einem Unwetter ausholt, bedrängt ihn nicht. Die Phantasie und der Tagtraum haben freien Lauf, und in seinem entgrenzten Zustand ist der Mensch auch empfänglicher für Anrufe aus inneren Schichten seines Wesens – und auch für Informationen außersinnlicher Art. Er wird gewarnt, hört Stimmen, sieht zuweilen Lichter, Schemen oder Gestalten. Max Mikorey hat gesagt, der Mensch streue fortwährend Doppelgänger-Phantome von sich aus, und dies erkläre, warum Götter, Dämonen und Elementargeister ihm ähnlich geschildert werden.

Diese Phänomene treten freilich auch im Flachland auf und in Städten; seit Anbeginn der Menschheit werden sie erzählt. Indessen leuchten sie in den höheren Regionen noch stärker: Herausgehoben scheinen sie. Auf den Bergen als Schauplatz lassen sich auch paranormale Erscheinungen hervorragend studieren. Ich sammle seit Jahren wahre Berichte, aber auch alte Sagen und will sie hier erzählen. Es werden in der Hauptsache düstere Geschichten sein, doch ab und zu blinkt auch Humor auf, und oft wird man etwas wie Achtung vor dem nicht verhehlen können, was im Menschen steckt und was von ihm am und durch den Berg zutage tritt.

Manfred Poser

Träume – Vorahnungen – Erscheinungen

Die ungewöhnlichen Erfahrungen, die wir am liebsten mit dem Übersinnlichen erklären würden, machen wir selten am helllichten Tag, wenn unser Denken und unsere Wahrnehmung von hundertundeins Einzelheiten gefesselt sind. Nachts, wenn das Bewußtsein sich abgemeldet hat, sind wir aufnahmebereit, und desgleichen im Halbschlaf. Auch meditativ wirkende Zustände begünstigen das Auftreten von Vorahnungen und spontanem Wissen. Viele Menschen haben angebliche Psi-Erfahrungen beim Lesen gemacht.

Ein Aufenthalt in den Bergen bringt uns in eine ursprüngliche Welt, die kein Freizeitpark ersetzen kann. Beim Wandern geht der Geist auf Abwege, das Auge kommt zur Ruhe, und es wird Raum geschaffen für die Arbeit des Unterbewußten – oder für Phänomene, die wir nicht erklären können. Der Extrembergsteiger ist in einer anderen Situation: Die stets präsente Gefahr bringt ihn in eine besondere Bewußtseinslage; seine Sinne sind hellwach, manchmal sogar überreizt. Andererseits macht die Abgeschiedenheit den Alpinisten apathisch und abwesend: und damit empfänglich für alarmierende Träume und Vorahnungen; und ebenso mag es den im Flachland Zurückgebliebenen ergehen, die sich Sorgen um ihn machen.

Menschen sind einander emotional verbunden. Die Übertragung von Informationen durch andere als die gewohnten Sinneskanäle ist vielfach bezeugt, aber nicht bewiesen und mag Ursachen haben, die wir noch nicht zur Gänze kennen. In den extremen Situationen am Berg sollten Erlebnisse, die man in Ermangelung eines besseren Ausdrucks paranormal nennt, nicht allzu selten sein.

9

Am engsten einander verbunden sind Blutsverwandte. Geschwister spüren oft instinktiv, daß der andere in Gefahr ist. In unserem ersten Fall hatte eine 31jährige Italienerin einen Traum, den sie sich nicht erklären konnte. Er hatte mit den Bergen zu tun.

„Ich träumte von einer Person, die ich im Traum nicht identifizieren konnte und die von einem Berg stürzte. Der Traum hatte Eindruck auf mich gemacht, und am Morgen erzählte ich ihn meinem Mann. Ein paar Tage später erreichte mich die Nachricht, daß einer meiner Brüder gestorben war, als er auf einer Bergtour in Bayern abstürzte. Vermutlich hatte sich das am Tag meines Traums ereignet oder spätestens am Tag darauf. Mein Bruder lebte in München. Ich hatte keinen Grund gehabt, mir um ihn Sorgen zu machen und wußte nicht, daß er in dieser Zeit eine Bergtour unternommen hatte. In der Nacht meines Traums hatte eine Schwester, die in einem anderen Haus derselben Stadt lebt, denselben Traum." (1)

Daß die zweite Schwester dasselbe träumte, verstärkt noch die Bedeutung des Falles. Leider konnte die Frau hier – wie so oft – nichts mit der Information anfangen, die sie aber doch für bedeutungsvoll hielt. Sie hatte ohnedies nicht gewußt, daß ihr Bruder sich in den Bergen aufhielt. Erst hinterher wurde alles klar, und die Frau meinte zu wissen, was der Traum zu bedeuten hatte. „Das kann kein Zufall sein", behaupten wir und greifen zum Übersinnlichen als Erklärung. Bei manchen solcher Episoden aber ist in der Tat der Zufall im Spiel, dessen Wirken wir meistens unterschätzen. Eines jedoch unterscheidet gewöhnliche Träume von solchen, bei denen Präkognition (Vorauswissen) im Spiel ist: Diese sind immer klar, beklemmend, eindrücklich. Der Träumer weiß sofort, daß etwas Ungewöhnliches vorgefallen sein muß. Im Fall der Italienerin könnte unbekanntes Wissen eine Rolle gespielt haben.

Auf Vorahnungen kann man ebenfalls schlecht reagieren, vor allem, wenn sie am Berg, in der Gefahrensituation auftreten. Allerhöchstens geht man in sich und findet, was auch der englische Bergsteiger Joe Simpson fand: „Als ich hochkletterte, um seinen Spuren zu folgen, fiel mir wieder ein, wie ich nur wenige Minuten, bevor Simon abgestürzt war, einen Moment lang Furcht verspürt hatte. Ich hatte ähnliches schon bei früheren Gelegenheiten festgestellt und mich stets darüber gewundert. Es hatte kein vernünftiger Grund für diese plötzliche, stechende Beklemmung vorgelegen. Wir waren seit über fünfzig Stunden am Berg und möglicherweise auf potentielle Gefahren eingestimmt, und zwar so sehr, daß ich im voraus gespürt hatte, daß etwas geschehen würde, ohne ganz zu verstehen, was es war." (2)

Wenn der Mensch das Potential hat, Todesgefahr zu wittern, und vielleicht sogar einen Blick in die Zukunft zu werfen vermag – warum werden dann nicht mehr Todesfälle beim Bergsteigen durch Vorahnungen verhindert? Nun, zum einen stürmen so viele Eindrücke auf den Bergsteiger ein, und er selbst stellt so viele Überlegungen an – sein Hirn, angespannt, läuft auf Hochtouren –, daß er einfach nicht mehr unterscheiden kann, was aus ihm kommt und was von außen; was normale Angst ist und was eine Warnung von „außerhalb". Und der Bergsteiger unserer Tage verbringt nicht alle Tage in der Natur, er bereitet monatelang im Flachland seine Unternehmungen vor. Er kann nicht über das ganze Sensorium eines Hirten in Tibet oder eines Schweizer Älplers verfügen, der mit der Natur als Partner lebt und in dessen Intuition möglicherweise auch ein Schuß Übersinnliches steckt, ein Erbteil der Natur. Menschen vergangener Jahrhunderte hatten bestimmt noch größere intuitive Fähigkeiten.

Schließlich können wir nicht wissen, wieviele Todesfälle durch das Befolgen einer inneren Stimme verhindert wurden. Ich kann nur einige spärliche Stellen aus der Literatur anführen, die im nachhinein wie prophetisch anmuten. Aber das läßt sich immer konstruieren. Julie Tullis kriecht nach einem kurzen Aufenthalt im Freien, in achttausend Meter Höhe am K2 (es war die Expedition 1986) wieder ins Zelt zurück und sagt ihrem Gefährten: „‚Kurt, ich habe so ein komisches Gefühl.' Ihre Stimme klingt sehr traurig, fast verzagt. Dann kriecht sie wieder zurück ins andere Zelt." (3) Sie hat vielleicht die Todesgefahr geahnt, was aber im Angesicht der Gefahr ganz menschlich ist. Zwei Tage später stürzte sie auf dem Rückweg, wurde schwer höhenkrank, apathisch, und stand nicht mehr auf.

Vera Watson, die mit ihrer Kameradin Alison Chadwick im Oktober 1978 von einem Aufstieg zum Mittelgipfel des Annapurna nicht zurückkam, hatte vorher Arlene Blum einen Traum anvertraut: „Weißt du, ich hatte eines Nachts im Sturm einen wirklich unheimlichen Traum. Ich träumte, daß jemand den Gipfel erreichte, aber dort war irgend etwas Gefährliches. Du wolltest keinen zweiten Versuch wagen. Im Traum versuchte ich, dich zu überreden. Und dann plötzlich ein Schlag – das Zelt lag mir auf dem Kopf. Der Pfahl war gebrochen. Es war einfach schrecklich." (4)

Zwei Frauen hatten mit zwei Einheimischen den Gipfel erreicht, und nun wollten Watson und Chadwick, die bislang leer ausgegangen waren, wenigstens noch den Mittelgipfel erreichen; es wäre eine gefahrlose, kurze Tour. Blum deutete den Traum sogleich auf realistische Art: „Bei vielen Himalaja-Expeditionen ist es so, daß, nachdem ein Team den Gipfel erreicht hat, aller Schwung nach unten gerichtet ist. Der Rest des Teams ist müde, die Gefahr scheint plötzlich ungerechtfertigt hoch, und alle wollen zurück und eine Party feiern, wie die Sherpas vorgeschlagen hatten. Vera W(atsons)'s Traum während des Sturms hatte die Stimmung vorweggenommen, und Alison hatte mir mehrere Male erzählt, daß sie sich sehr große Sorgen machte, daß wir einpacken würden, wenn ein Team den Gipfel erreicht hatte." (5)

Sie stiegen trotz der Sorge der Expeditionsleiterin hinauf – und verschwanden. Nur noch das Rot von Alisons Anorak, in der Wand hängend, wurde durch ein starkes Objektiv gesichtet. Beide waren verloren. Vielleicht sollte man sich manchmal an das Wort erinnern, sein Glück nicht herausfordern zu sollen; man kann den Kredit, den einem das Schicksal gibt, auch überstrapazieren – er könnte zurückgefordert werden, und das wird teuer: Es kostet meistens Menschenleben.

Es gibt nun auch Träume, die ein schlimmes Geschehnis ankündigen, bei denen man aber das Ereignis noch verhindern könnte – weil der Traum einen unbewußten Wunsch ausdrückt. Der große Schweizer Psychologe Carl Gustav Jung hat solch einen Fall untersucht und den Träumer gewarnt. Der Traum: „Ich steige auf einen hohen Berg auf steiler Firnhalde. Es geht immer höher, und es ist wunderschönes Wetter. Je höher ich komme, desto wohler wird mir zumute, ich habe das Gefühl, wenn ich nur ewig so steigen könnte. Mein Glücksgefühl und meine Erhobenheit, als ich den Gipfel erreiche, sind so groß, daß ich fühle, ich könne weiter hinauf in den Weltraum steigen. Ich kann dies nun auch tun und steige in die Luft hinauf. Ich erwache in völliger Ekstase." (6)

Jung denkt über den Mann nach, der Bergtouren ohne Führer unternahm, dessen Ehe unglücklich war und der im Beruf in Schwierigkeiten steckte. Als der Mann fragte, was der Psychologe nun von dem Traum halte, sagte Jung ihm „ganz offen, daß er den Tod in den Bergen suche, und daß ihm dies bei der von ihm eingenommenen Haltung auch sicher bald gelingen werde." Der Mann wies das als „absurd" von sich; er gehe in die Berge, um sich gesund zu erhalten.

Aber Jung sollte leider recht behalten. Sechs Monate später trat dieser Mann beim Abstieg von einem gefährlichen Gipfel buchstäblich ins Leere, ja, „er fiel dabei einem weiter unten wartenden Freund auf den Kopf, und beide rollten zerschmettert in die Tiefe". (7)

Visionen und „sich anmeldende" Sterbende

Ein Unglück bietet in vielen Fällen den traurigen Anlaß für einen Wahrtraum. Der Verunglückte denkt noch an die Seinen, und diese intensiven Gedanken kommen zuweilen an. Oder ein schreckliches Geschehen zeigt sich einem hellsichtigen, sensiblen Menschen bereits, bevor es stattfindet. Manchmal kann es noch verhindert werden – das Universum ist nicht festgelegt und gibt nur grob die Richtung vor; früher, so war es jedenfalls zu Shakespeares Zeiten, erfüllte sich das Schicksal auf unerbittliche Weise und bestrafte den Bösen. Auch in Shakespeares Werken tauchen dunkle Prophezeiungen auf, die wahr werden. Nehmen wir aber einmal an, die folgende volkstümliche Geschichte vom „Killiecrankie-Geist" aus jener Periode habe sich so abgespielt. Sie ist über Generationen weitergetragen worden.

1689 lag Graham von Claverhouse mit einem Trupp Highlander auf den Bergen von Athole, um General Mackay daran zu hindern, Blair Castle einzunehmen. In der Nacht vor der entscheidenden Schlacht von Killiecrankie erschien ihm ein Mann mit blutbeschmiertem Kopf und forderte, Claverhouse möge aufstehen. Dieser ignorierte das Gespenst und legte sich unwillig wieder zum Schlafen nieder. Bald danach trat die Gestalt wieder vor ihn hin und wies ihn an, sich an Brown von Priesthill zu erinnern – wohl ein Mann, den Claverhouse verraten und töten hatte lassen. Der Highlander-Anführer befahl seinem Wächter, aufzupassen, daß niemand in sein Zelt kommen könne.

Aber ein drittes Mal zeigte sich die Gestalt, rief „Steh auf!" und deutete hinüber zur Ebene von Killiecrankie, wobei sie wütend schrie: „Ich treffe Dich dort!" Die Schlacht begann, Claverhouse blieb eisern auf dem Berg, eingedenk der Prophezeiung, doch kurz vor Sonnenuntergang schickte er seine ungeduldigen Kämpfer hinunter, den Truppen von Mackay entgegen. Der Ansturm war furchtbar, die Soldaten König Williams flohen, doch als Claverhouse den Arm befehlend ausstreckte, traf ihn eine Kugel tödlich in die Seite. Die Prophezeiung hatte sich erfüllt. Claverhouse hatte die Erscheinung einem Chef der Highlander anvertraut, der nach dessen Tod sich nicht länger dazu verpflichtet fühlte, zu schweigen. (8)

Auch Kitty Ward gelang es nicht, das Verhängnis zu verhindern. Ihre Geschichte nannte sie „Visionen eines Mädchens vom Berg". Sie sah ihrem 14. Geburtstag am 12. März 1934 entgegen und plante, Joe zu heiraten, der in Bälde die Schule absolviert hätte.

„Ich ging los, durch die Wälder, und ich war nicht weit gekommen, als ich in der Ferne die Hufe eines Pferdes hörte, die näherkamen. Ich fragte mich, wer zu so früher Stunde draußen sein könnte? Vielleicht war einer der Nachbarn krank und brauchte unsere Hilfe? Ich drehte mich in die Richtung um, aus der die Hufschläge kamen, und auf einmal tauchte ein reiterloses weißes Pferd auf und bewegte sich auf mich zu. Ich sprang zur Seite, um es vorüber zu lassen, aber gleich wirbelte das Pferd herum und kam zu mir zurück. Jetzt sah ich Joe an seinem Weg stehen. Das Pferd schien durch ihn hindurch zu laufen und verschwand. An seiner Stelle stand ein Lastwagen. Ich schrie und lief Joe entgegen, aber er und der Lastwagen waren nicht mehr da. Ein großes, mit Steinen bedecktes Feld erschien vor mir; dann verschwand es auch."

Kitty will am nächsten Abend Joe warnen, weiß aber, daß er ihr keinen Glauben schenken wird. Sie begnügt sich damit, ihm zu sagen, daß sie Angst habe, ihn zu verlieren. „Laß uns gleich heiraten!" drängt sie. Joe lehnt ab. Am folgenden Samstag, nach Tagen der Angst, liegt sie um neun Uhr abends im Bett – und hört einen lauten Krach. Eine Freundin verrät ihr am nächsten Morgen, Joe sei bei einem Zusammenstoß mit einem Lastwagen ums Leben gekommen, um halb zehn Uhr abends, und er sei mit Kittys Namen auf den Lippen gestorben. (9)

Verwandt mit dem präkognitiven Traum und derartigen Visionen ist auch das „Anmelden" Verstorbener. Vielleicht sind die Gedanken so stark, daß sie genau zur Zeit des Unfalls eine täuschend ähnliche Form des Verunglückenden hervorrufen – eine Erscheinung. Wir kennen einen solchen Fall aus den Sammlungen der Londoner „Society for Psychical Research" (S. P. R.):

„Ein Schüler aus Oxford wurde beobachtet, als er im Garten des Hauses seiner Mutter umherspazierte; es war ziemlich genau, so genau man es nachvollziehen konnte, um die Zeit, als er bei einem Bergunfall in der Schweiz getötet wurde. Die Augenzeugin war eine Tochter der Wäscherin seiner Mutter. Wenn sie zuhause war, war sie daran gewöhnt, daß er zu jener Zeit einen Spaziergang in dem besagten Teil des Gartens unternahm. Es ist möglich, daß sich die Gedanken und Gefühle des jungen Mannes im Augenblick des Unglücks auf sein Zuhause richteten und nicht auf irgendeine Person, und daß die örtliche

Verbindung, die ihm und der Zeugin vertraut war, dieselbe Wirkung hatte, die erfolgreiche Übermittlung eines telepathischen Impulses zu erleichtern, wie es sonst Verwandtschaft oder enge Freundschaft bewirken." (10)

Nicht selten fliegen einem Menschen Informationen zu, wenn ein nahestehender Freund oder Verwandter sich in Lebensgefahr oder in einer großen Krise befindet. Professor Hans Bender aus Freiburg sprach von einem „affektiven Feld", das vorliegen müsse. Nur im Schlaf, im Dämmerzustand oder etwa beim Wandern oder Lesen sind wir anscheinend genügend „abwesend", um diese Informationen aufnehmen zu können. Leider ist die Übertragung erst bei tragischen Ereignissen stark genug; Bender hat etwa spontane paranormale Erlebnisse zu über 40 Prozent bei Todesfällen registriert. Oft sind es Unglücksfälle oder Fälle gewaltsamen Todes, die den Anlaß dazu bieten. In Erlendur Haraldssons Studie, in der er 357 Isländer zu „Begegnungen mit Verstorbenen" befragte, bezogen sich 30 Prozent der Erscheinungen auf Personen, die eines gewaltsamen Todes starben. (11)

Kürzlich hat sich in Großbritannien anläßlich einer großen Befragung hundert Jahre nach dem berühmten „Zensus der Halluzinationen" (1894; 17 000 Menschen wurden damals in England befragt) ergeben, daß diese Erlebnisse – die „Todes-Koinzidenzen" – viel seltener vorkommen als früher. Nur ein einziger solcher Fall befand sich unter den 123 Antworten (von 840 insgesamt) einer 1990 publizierten britischen Untersuchung, die eine Halluzination zum Inhalt hatten. Man darf dabei nicht unterschlagen, daß nach sorgfältiger Prüfung nur neun als echte Halluzinationen hingehen konnten. (12)

Ich will bei all dem auch daran erinnern, daß Bergsteigen in den neunziger Jahren anders ist als vierzig Jahre zuvor. In den Zeiten, da fast jeder Kletterer ein Mobiltelefon mit sich führt und ein Sterbender am Everest seiner Frau Abschiedsworte sagen kann (wie der Bergführer Rob Hall, dessen letztes Gespräch mit seiner Frau im Mai 1996 Jon Krakauer in dem Buch „In eisige Höhen" dokumentiert hat), erübrigt sich „paranormale" Information. Vielleicht wird der Mensch die Fähigkeit zum Empfang solcher Information in den nächsten hundert Jahren vollends einbüßen; dann wären wir auch ohne „Psi"-Fähigkeiten untereinander verbunden, und was von Parapsychologen hervorgehoben und propagiert wurde, hätte sich auf andere Weise, ganz handgreiflich erfüllt.

Der Volksmund kennt ebenfalls das Erscheinen Verstorbener, das auch als telepathische Information betrachtet werden kann, die zu einem Bild geronnen ist. „Geist" und „Gespenst" werden manchmal gleichbedeutend verwendet. Doch ein Gespenst kann auch die Erscheinung eines noch Lebenden sein, während sich der Begriff der Geister nur auf Verstorbene oder Spukgestalten bezieht. Eine moderne, pragmatische Theorie von Geistern hat schon vor siebzig Jahren Andrew Lang formuliert: Ein Geist ist danach immer eine Halluzination, also eine Wahrnehmung ohne Stimulus, – weil er etwas zeigt, was nicht körperhaft anwesend ist. Die englischen Pioniere der parapsychologischen Forschung haben Erscheinungen so genau untersucht wie keiner nach ihnen. Frederick Myers hielt einen Geist „vermutlich für das komplexeste Phänomen der Natur" und Professor H. H. Price schlug vor, Geister könnten reale Objekte sein, „weder geistiger noch physischer Natur, aber dazwischen und vermischt." (13)

In der folgenden Geschichte „Die Tote auf der Wallfahrt" aus Südtirol weiß das eine Mädchen nicht, daß ihre Kollegin nicht mehr unter den Lebenden weilt. (Bei Untersuchungen von Erscheinungsfällen wird immer streng darauf geachtet, ob ein Zeuge nicht auf andere Weise vom Ableben des ihm Erscheinenden erfahren haben konnte.)

„Zwei Dirnen (Mädchen) haben verheißen (sich versprochen), auf Weißenstein zu gehen auf Wallfahrt. Bevor sie ihr Verlöbnis ausführen konnten, sind sie auseinander gekommen und waren in verschiedenen Orten im Dienst. Gahling (plötzlich) ist die eine zurückgekommen und hat gesagt, sie soll mitgehen auf Weißenstein. Sie sind gegangen, aber die andere hat nie geredet. Da hat sie sich gedenkt, das ist g'spaßig, reden tut sie gar net und wie sie die Wallfahrt gemacht haben, ist sie auf einmal verschwunden gewesen. Und da hat die eine erst jetzt erfragt, daß sie schon vor längerer Zeit gestorben war." (14)

Es gibt spärliche Berichte von länger Verstorbenen, die sich noch melden. Die englischen Forscher der S. P. R. ließen bei ihrer Arbeit eine Erscheinung nur dann als „Todes-Koinzidenz" (Zusammentreffen) gelten, wenn sie von zwölf Stunden vor dem Tod des Betreffenden bis zu zwölf Stunden danach auftritt; diese Todes-Koinzidenz könnte man auch als das „Anmelden" Verstorbener nennen. Im „Zensus der Halluzinationen" (bei Gesunden), in dreijähriger Arbeit fertiggestellt und 1894 vorgelegt, bestätigten 1684 Befragte (9,9 Prozent) eine Halluzination; auch hier waren nur 80 Fälle davon (also verschwindend wenige – 0,5 Prozent) Todes-Koinzidenzen nach der vorliegenden Definition. (15)

Eine berühmt gewordene Geschichte ist die vom „Geist im grauen Audi", die sich am 4. Mai 1980 im Etschtal zugetragen hat. Graziella Piccinini hat sie vorbildlich recherchiert. „Ein Mann wurde von herabfallenden Felsen getötet, als er im Auto durch einen kurzen Tunnel in den Bergen nahe dem Dorf Val d'Adige in Südtirol fuhr. Der Todeszeitpunkt, 23.30 Uhr, wurde von einem Mann in dem Auto vor dem späteren Opfer bestätigt, der knapp dem Schicksal entkam, gleichfalls zerschmettert zu werden. Genau zur gleichen Zeit sah die Schwester der Freundin des Mannes ihn selbst an der Tür ihrer Pizzeria in Val d'Adige vorbeifahren (die er erst eine halbe Stunde zuvor verlassen hatte), in seinem auffallenden grauen Audi. Er verringerte die Geschwindigkeit und winkte ihr zu, bevor er weiterfuhr. Nicht weit davon entfernt hörte sein Vater das Geräusch des Wagens seines Sohnes, wie er offenbar in den Hof einbog. Da er sich sicher wähnte, daß sein Sohn zuhause sei, legte er sich schlafen.

Am folgenden Morgen war der Vater überrascht, als er den Wagen nicht vorfand, und daß sein Sohn überhaupt nicht heimgekommen war. Dies ist eines der erstaunlichsten Beispiele dafür, daß jemand zur Zeit seines Todes Zeugnis von seiner Anwesenheit ablegte." (16)

Enge Freundschaft hat vermutlich in der folgenden Geschichte zum Auftreten eines Geistes geführt, was der Erzähler erst später erkannte. Ein Mann berichtete, er habe mit den beiden Engländern Edy Ingram und David Fuller, zwei engen Freunden, eine Tour am Schweizer Aletschgletscher unternommen. Sie blieben in der Konkordiahütte, und Fuller war beunruhigt über seinen Freund. Morgens um vier Uhr fanden Fuller und der Erzähler die Tür offen: von Ingram keine Spur. Der Engländer, der zum Schlafwandeln neigte, tauchte nie mehr auf. Fuller reiste untröstlich nach England zurück. „In einem seiner letzten Briefe ließ er mich wissen, daß er nächsten Sommer zurückkehren werde, um die Suche nach seinem toten Kameraden wiederaufzunehmen."

Im Sommer darauf macht sich der Erzähler wieder auf den Weg in Richtung Konkordiahütte. Er dachte an die beiden Engländer. Wo Fuller sein mochte? „Als ich so langsam vorwärtsschritt, gewahrte ich plötzlich ungefähr hundert Meter entfernt, nicht sehr weit von der Konkordiahütte eine Gestalt auf dem Gletscher, die mir sonderbar bekannt vorkam. Ich hob meinen Feldstecher und bemerkte, daß sich die Gestalt langsam nach mir umdrehte und mit müder Bewegung zu winken begann. Ich erkannte sie sofort. Es war David Fuller. Wie kam er hierher? Und in diesem Straßenkleid, ohne jegliche Bergausrüstung? Gedanken stürmten auf mich ein. Ich begann zu rufen. Keine Antwort. Die Gestalt wies aber nach einer bestimmten Stelle im Gletscher. Ich senkte das Glas wieder, und David Fuller war weg, wie vom Gletscher verschluckt."

Er holt am nächsten Tag ein paar Männer, und in einer Gletscherspalte in der Nähe finden sie den Leichnam Edy Ingrams. „Zugleich erkundigte ich mich nun nach David Fuller", schreibt der Erzähler. „Bald darauf traf die Nachricht ein, daß er drei Tage vor der Auffindung der Leiche seines Freundes nach langer, schwerer Krankheit an einer Blutvergiftung gestorben sei. – Er hat sein Versprechen, zurückzukommen und seinen toten Freund zu suchen, gehalten." (17)

Das „Anmelden" oder das Auftauchen Sterbender muß sich nicht als voll ausgebildete Halluzination vollziehen. Manchmal sind es Geräusche, manchmal physische Manifestationen – Teller zerbrechen, Uhren bleiben stehen –, die als synchrones Geschehen einen Unglücksfall begleiten. Da werden, um im Sprachgebrauch unserer Zeit zu bleiben, Informationen aufgefangen und umgewandelt. Freilich kann man den nicht widerlegen, der solche Manifestationen für Zufall hält. In den folgenden beiden Fällen machen sich Tod und Lebensgefahr auf seltsame Art bemerkbar.

Dr. Walter Knoche berichtete 1921 von einem Erlebnis in der Einsamkeit der „Hochkordillere", wo er mit seiner Frau wegen Vermessungsarbeiten in Zelten lebte. Drei Tage nach dem dreitägigen Besuch des Intendenten der Provinz Inquisive und seiner beiden Begleiter schreckte der Erzähler aus dem Schlaf hoch. „Plötzlich – ich werde den eisigen Schreck, der mich durchrieselte, nie vergessen – klang es ganz dicht beim Zelt: klipp, klapp, klipp, klapp, als wenn Reiter im frischen Trab an unserer Behausung vorbeijagten." Die Hunde bellen, der Verwalter Pedro, seine Frau und er schauen hinaus: kein Mensch. Kaum haben sie sich wieder hingelegt, hören sie hinter den Zelten schon wieder Hufschlag. Und wieder niemand. Der Verwalter flüstert: „Almas! Seelen!" Erst am nächsten Nachmittag konnten sie das Erlebnis deuten. Der Führer einer Lama-Herde erschien und teilte ihnen mit, in der Nacht zuvor sei der Intendent und seine Begleiter von Banditen erschossen worden. Es sei zwischen elf und zwölf geschehen. „Pedro blickte uns fragend an und – wir schwiegen." (18)

In einer wahren Geschichte, von Johannes Illig weitergetragen, bleiben die Uhren stehen: „Ein mir bekannter Herr war mit einer Gruppe von Skiläufern ins Gebirge gegangen und ist mit ihr von einer Staublawine überrascht worden, als er eben ein Felsenhorn überquerte, an dem sich die Lawine spaltete, so daß er für seine Person völlig unversehrt blieb, aber zusehen mußte, wie seine Begleiter in der Tiefe verschwanden. Genau auf die Minute hin blieben zu Hause in seiner Wohnung, also in einer Entfernung von 150 bis 200 Kilometern, beide Uhren stehen, eine Wanduhr im Wohnzimmer und die Weckuhr im Schlafzimmer."

„Wie ich am andern Tage von dem Heimkehrenden erfuhr, befand er sich im Augenblick der Katastrophe in furchtbarer Erregung und war ganz von der Katastrophe und ihren Folgen erfüllt. Irgendein anderer Gedanke ist nicht in ihm aufgestiegen, namentlich ist ihm nicht der leiseste Gedanke an seine Familie gekommen. Trotzdem eilte in diesem Zustand der Schreckekstase der ‚Andere' in ihm, der Unterbewußte, der Nachtwandler und Träumer, nach Hause und gab dort durch das symbolische Anhalten der Uhren das Signal ‚Tod' oder ‚Todesgefahr' ab." (19)

Auch in der Geschichte „Zeichen im Novemberschnee" aus „Reimmichls Volkskalender 1996" könnte es sich um einen toten Bergsteiger gehandelt haben, der sich kundtat. Ein Mann geht in die Berge. Im Rontal im nördlichen Karwendel wandert er über das Tortal über die 1800 Meter hoch gelegene Torscharte, wobei er an einer Gedenktafel für den Studenten Hartmut Weber vorbeikommt, der seit einem Novembertag 1961, damals 23 Jahre alt, im Rontal verschollen ist. Der Wanderer versäumt diesmal das Memento, geht drei Stunden in der Einsamkeit weiter, rastet, und: „Da blieben meine Augen plötzlich an einer dunklen menschlichen Gestalt hängen, die unterhalb einer Felswand dicht an der Scharte auf einem steilen Schneefeld offenbar in das Rontal abstieg. Heimliche Bewunderung kam in mir auf, denn ich weiß aus eigener Erfahrung, wie glatt und gefährlich der Steig aus dem Tortal um diese Jahreszeit sein kann und welche Anforderungen an Willenskraft und Nervenstärke die lange Tour in der Karwendeleinsamkeit an einen Alleingänger stellt. Ich verfolgte den Bergsteiger einige Zeit, der sich sehr langsam und vorsichtig bewegte." (...)
Kurz vor der Rontalalm sieht der Zeuge, daß der Bergsteiger wieder am Ausgangspunkt im Schneefeld unterhalb der Felswand steht. Nach einer Weile auf der Alm richtet sich sein Blick erneut auf den unbekannten Bergsteiger: „Der war zu meinem großen Erstaunen erneut zurückgestiegen zum Ausgangspunkt und suchte ganz offensichtlich eine weitere Abstiegsmöglichkeit. Dieses Mal versuchte er eine neue Variante geradeaus hinunter über das steile Schneefeld. Diesmal war mir

diese Wegsuche nicht mehr ganz geheuer, zumal die Gestalt schon nach einem kurzen Stück in der Bewegung innehielt und nicht mehr von der Stelle kam. War der Mann etwa in Bergnot?"

Der Erzähler tritt den Rückweg an und bestärkt sich: „Und ich könnte schwören, daß sich die dunkle Gestalt dreimal absteigend in verschiedene Richtungen bewegt hat! Ich mußte mich auch immer wieder umblicken, aber mein Objekt bewegte sich nicht mehr." Er kommt wieder an dem Felsen mit der Gedenktafel vorbei und liest: Vermißt 9. 11. 1961. „Neunter November! Heute! Mein Urlaubstag!" „War die dunkle Gestalt, die erfolglos den Abstieg zur Rontalalm suchte, etwa keine Sinnestäuschung, sondern ein paranormales Phänomen?" (20) Diese Interpretation liegt nahe. Bei Telefonanrufen von Toten („Phone Calls from the Dead") ereignen sich zehn Prozent der Fälle an bedeutsamen Tagen: meist an Geburtstagen oder Sterbetagen. Gerade weil der Erzähler auf dem Hinweg die Tafel nicht genau beachtete, war er ungestört und aufnahmebereit. Doch könnte er die Tafel und das Datum unbewußt doch in sich aufgenommen und, dermaßen „konditioniert", einen schwarzen Punkt als sich bewegend gedeutet haben.

Es ranken sich auch andere Geschichten um verschwundene Bergsteiger, die angeblich mit Kollegen in Kontakt treten. Besonders Andrew Irvine und George Leigh Mallory sollen auf dem Everest umgehen; vermutlich deshalb, weil ihren Versuch der Ersteigung des Everest 1924 immer noch ein Geheimnis umweht: Waren sie beide oben, oder nur einer? Wo sind sie? Erst 1953 waren Sir Edmund Hillary und Sherpa Tenzing Norgay die ersten Menschen auf dem höchsten Berg der Erde. Waren sie in Wirklichkeit nur Nummer drei und vier? Wir werden es nicht erfahren. Es wird aber vermutet, daß Mallory und Irvine es nicht geschafft haben.

Reinhold Messner zeigte sich übrigens in einem Gespräch mit dem (1995 verstorbenen) italienischen Psychoanalytiker Emilio Servadio überzeugt, er habe in der Nähe des Verschwindens Mallorys auf dem Everest mit diesem geistig kommuniziert. Mallory war der Bergsteiger, der auf die Frage, warum er einen Berg besteige, gesagt haben soll: „Weil er da ist." Irvines Anwesenheit auf dem Everst – oder die eines anderen psychisch präsenten Bergsteigers – wird ebenfalls zuweilen geahnt, wovon gleich die Rede sein wird.

Salman Rushdie hat in einer Passage in „Die Satanischen Verse" eine Erscheinung eingearbeitet. Alleluja „Allie" Cone ist eine Extrembergsteigerin mit starkem Drang zum Everest. „,Ich weiß, was ein Geist ist', sagte Allie Cone zu einer Klasse weiblicher Teenager, deren Gesichter zu einem sanften inneren Licht der Verehrung erleuchtet waren. ,In den Höhen des Himalaja geschieht es so manchem Bergsteiger, daß ihn die Geister derer begleiten, die beim Versuch der Besteigung gescheitert sind, oder die noch traurigeren, aber auch stolzeren Geister derer, denen es gelang, den Gipfel zu erreichen, und die dann den Abstieg nicht überlebten.' (…)
,Geister', wiederholte sie in entschiedenem Ton. ,Als ich bei meiner Everestbesteigung durch den gefrorenen Wasserfall gekommen war, da sah ich einen Mann auf einer Felsnase hocken, im Lotussitz, mit geschlossenen Augen und einer Schottenkaromütze auf dem Kopf, der das alte Mantra sang: om mani padmé hum.' Aus seiner altmodischen Kleidung und seinem überraschenden Verhalten hatte sie sofort geschlossen, daß es der Geist Maurice Wilsons war, des Yogi, der sich im Jahre 1934 auf einen Alleinaufstieg auf den Everest vorbereitet hatte, indem er drei Wochen lang hungerte, um die Bindung zwischen seinem Körper und seiner Seele so sehr zu festigen, daß der Berg nicht die Kraft haben würde, sie auseinanderzureißen. Er war in einem kleinen Flugzeug hinaufgeflogen, so weit es ihn trug, dann absichtlich in einem Schneefeld bruchgelandet, Richtung Gipfel losgeklettert und nie zurückgekehrt. Wilson öffnete die Augen, als Allie vorbeikam, und nickte kurz zur Begrüßung. Den Rest des Tages schlenderte er neben ihr her oder hing in der Luft, während sie sich an einer Wand hocharbeitete. Einmal, an einem steilen Hang, machte er eine Bauchlandung in den Schnee und glitt dann bergaufwärts, als würde er auf einem unsichtbaren Anti-Schwerkraftschlitten fahren. Allie war aufgefallen, daß sie sich ganz natürlich benahm, so als hätte sie

zufällig einen alten Bekannten getroffen, aus Gründen, die sie später nicht mehr wußte." Er hatte Alleluja Cone den Gedanken an den Alleinaufstieg eingeflüstert – aber, so schreibt Rushdie, „es könnte auch sein, daß er ihr Todesengel war". (21) Maurice Wilson war ein Kletterer ohne Erfahrung und starb auf einer Everest-Expedition 1934. In seinem hinterlassenen Tagebuch enthüllt er, er habe sich nicht alleine gefühlt, als er, schneeblind und in Atemnot nach zwei vergeblichen Angriffen auf den Gipfel, in seinem kleinen Zelt saß. Das Gefühl, jemanden in seiner Nähe zu haben, treffen wir bei Alpinisten häufig an; es ist eine nicht ganz ausgebildete Halluzination, die ihm in der Einsamkeit gezielt Trost spendet.

Geister als Warner und Retter

Der Diplom-Chemiker Dr. Steiner verbrachte jedes Jahr vier Wochen alleine in den Dolomiten. Er nächtigte dann in einer Almhütte, von der aus er täglich Wanderungen unternahm. „Eines Tages", berichtete sein Sohn Peter Steiner, „zog ein Gewitter auf, und er schickte sich an, auf schnellstem Wege zur Hütte zu marschieren. Der Rückweg war ein anderer als der, auf dem er hergekommen war, und so stand er plötzlich an einer Weggabelung und wußte nicht, welcher Weg zur Hütte führte. ... Als er so überlegend an der Gabelung stand, kam plötzlich eine sehr seltsame Gestalt auf ihn zu. Es war ein älterer Herr mit einem großen schwarzen Schlapphut und schwarzem Umhang; so, wie im 19. Jahrhundert die Herren der vornehmen Gesellschaft gekleidet waren. Dieser fragte ihn in freundlicher Weise in einem altertümlichen Südtiroler Deutsch, wohin er denn gehen wolle. Mein Vater nannte ihm die Hütte, und der Fremde sagte: ‚Da müssen's diesen Weg nehmen, der führt Sie direkt hin.' Mein Vater erreichte noch rechtzeitig die Hütte, bevor ein unheimliches Gewitter alles verdunkelte. Er erzählte die seltsame Begegnung dem Almhirt. (Das Gewitter war im übrigen so schnell verschwunden, wie es aufgezogen war.) Der Hirt sagte: ‚Jo jo, das ist der Doktor, der taucht oftmals auf, wenn Wanderer sich verirrt haben oder sich in Gefahr befinden, und er zeigt ihnen den richtigen Weg.' Es soll sich um einen Arzt gehandelt haben, der im letzten Jahrhundert bei einem großen Gewitter auf einer Wanderung in diesem Teil des Hochgebirges umgekommen war." (22)

Auch in unserer nächsten Geschichte wird geargwöhnt, die auftauchenden Gestalten seien zu identifizieren: Sie gehörten womöglich zur ominösen „Donner-Gruppe", die im Jahre 1846 ein schreckliches Ende genommen hatte. Doch von Anfang an.

Viel Schnee war in den Sierra Mountains im nordöstlichen Kalifornien gefallen. Greg Bernardo, ein 40jähriger Lehrer für Kunst, zuweilen auch Skilehrer, wollte diesen wunderbaren Pulverschnee Ende Februar 1993 genießen. Er ließ sein Auto stehen und machte sich auf den Weg. Seine Spur verlor sich. Suchkommandos schwärmten aus, aber Greg Bernardo blieb verschwunden. Auf wundersame Weise wurde er drei Tage später in der weißen Wildnis aus einem Hubschrauber gesehen und gerettet.

Bernardo sollte später berichten, er habe Gestalten gesehen. Zuerst am Dienstag abend eine Frau, mit der er schweigend dahingespurt sei, dann Freunde der Frau in der Nähe einer Reihe von Hütten. Die Leute beauftragten ihn, einen Weg zum nahegelegenen American River freizumachen. Er erledigte mühevoll den Auftrag, kehrte zurück: und fand die Hütten nicht mehr. Kein Mensch. Mittwoch abend, vor der Dämmerung, traf er Irene. „Ich erinnere mich an dunkles Haar, und der Name Irene ist hängengeblieben", erzählte er. Er müsse Ruhe haben, doch erst einen Unterschlupf aus Schnee bauen, suggerierte ihm Irene. Er arbeitete wie verrückt und sank in dem Iglu, das sein Leben retten sollte, in den Schlaf.

Donnerstag früh fuhr er auf Skiern Richtung Sonnenaufgang, nach Osten – und wurde gefunden. Könnten Irene und die anderen „Geister" der Donner-Gruppe gewesen sein? Greg war unsicher. Man weiß nur, daß 89 Menschen unter Führung von George und Jacob Donner im Frühling 1846 sich nach Kalifornien aufmachten. In den Sierra Mountains wurden sie vom Schnee überrascht und mußten ein Lager aufbauen. Die Hälfte der Leute starb in diesem furchtbaren Winter. Die andere Hälfte mußte, so erzählt man, sich von den Überresten ihrer gestorbenen Kameraden ernähren. Das ereignete sich nur einige Meilen von Bernardos Aufenthaltsort entfernt. Wenn es nicht Halluzinationen waren, könnten es – so eine gewagte Meinung – schuldbeladene Mitglieder der Donner-Gruppe gewesen sein, und Irene darunter der „gute Geist". Natürlich ist die Erklärung naheliegender, in der Einsamkeit habe der Skifahrer Gestalten halluziniert und sich Wunschgefährten geschaffen. (23)

„War nicht hier in der Nähe die Donner-Gruppe?" fragt die Frau ihren Mann auf der Autofahrt in die verschneite Bergregion, in der er den ganzen Winter auf ein verlassenes Hotel aufpassen soll. Der letzte Aufpasser hatte in der Einsamkeit die Nerven verloren und seine Kinder mit der Axt erschlagen. Eine zurückliegende Bluttat in einem menschenleeren Gebäude, Schnee und Stille in den Bergen und Jack Nicholson – das sind die essentiellen Zutaten des Films „Shining" von Stanley Kubrick aus dem Jahr 1980.

Es war eine Frau, die einem Ehepaar im Ötztal hilfreich zur Seite stand – und schlagartig verschwand. Die Zeugen haben mir Ende 1997 brieflich noch einmal die „wahrheitsgetreue Wiedergabe unseres Erlebnisses" bestätigt.

Wie mir Günter Meister aus Blomberg schrieb, sei er mit seiner Frau Dina im August 1969 zwei Wochen am 1573 Meter hoch gelegenen Gries bei Längenfeld im Ötztal auf Urlaub gewesen. „Unsere zweite Bergtour führte zur Amberger Hütte, 2154 m. Nach einer kleinen Pause wanderten wir weiter in Richtung Sulztaler Ferner. Das Wetter war nicht schlecht, aber auch nicht gut, so eine Mischung, wo man nicht wußte, macht man die Tour oder nicht. Der Weg war anfangs nicht steil, übersichtlich, Graslandschaft mit einzelnen Bäumen. Die Sicht wurde durch einzelne Senken und Kuppen auf cirka 200 – 300 m unterbrochen.

Nach einer Stunde Weg sagte meine Frau: ‚Schau, vor uns ist eine Frau.' In einer Entfernung von cirka 200 Meter sahen wir aus einer Senke eine cirka 1,80 bis 1,85 Meter große stattliche Frau aufsteigen. Ihr Alter war schlecht zu schätzen, 30 – 45 Jahre, sie war schlank und doch recht kräftig, ihr Schritt war elastisch und ausholend. Die Kleidung war altmodisch, cirka 50 Jahre zurück, langer Lodenrock und Lodenjacke sowie Hut. Beim Gehen benutzte sie einen überlangen Bergstock. Wir waren überrascht, diese Frau anzutreffen, anscheinend muß sie gelagert haben, sonst hätten wir sie schon früher sehen müssen. Wir beeilten uns, wir wollten sie um Rat fragen, wie der Übergang zum anderen Tal ist. Unsere Schritte konnten noch so schnell sein, wir schafften es nicht, sie zu erreichen, obwohl sie sich ab und zu umschaute; sie wurde nicht langsamer.

Hierbei bemerkten wir nicht, daß es diesiger wurde, ein Zeichen, daß der Gletscher nahe war. Wir standen unverhofft vor dem Sulztaler Ferner. Der Ferner war mit Neuschnee bedeckt, cirka 10 cm. Die Frau sahen wir nicht mehr, vor uns war eine milchige Sicht. Dafür konnten wir die Fußspuren im Schnee deutlich und frisch erkennen. Wir entschlossen uns nachzugehen. Der Weg der Spuren wurde steiler und hörte plötzlich nach cirka 15 Minuten auf. Die Spuren führten nicht mehr weiter, weder nach links noch nach rechts, auch nicht nach unten. Wir waren ratlos. Wir schauten uns um, und plötzlich war die Frau hinter uns, cirka 50 – 80 m entfernt. Sie winkte. Wir haben gerufen, sie solle warten, sie gab keine Antwort. Sofort entschlossen wir uns, umzukehren und die Frau anzusprechen. Wir fingen abwärts an zu laufen. Da fing die Frau an zu springen, sie benutzte hierbei den langen Bergstock als Sprungstock wie beim Stabhochsprung.

Wir hatten keine Chance, sie zu erreichen. Als die Amberger Hütte in Sicht kam, war sie verschwunden. Wir haben in der Hütte nachgefragt, keiner hatte sie gesehen. Wir erzählten wie immer unserem Hauswirt (übrigens ein alter Bergführer), wo wir gewesen waren, und als er uns sah, sagte er gleich, daß wir uns auf dem Gletscher aufgehalten hätten, unsere Gesichter seien verbrannt. Er sagte, gut, daß wir umgekehrt seien, der alte Weg sei verfallen und sehr ausgesetzt, und durch den Neuschnee hätten wir den richtigen Weg ohne genaue Kenntnisse nicht gefunden." (24)

Geschichten wie die letzten drei denkt man sich nicht aus. Auch Sinnestäuschungen sind unwahrscheinlich (bis auf den Fall des Skilehrers, der vermutlich halluziniert hat). Die einzige vage Erklärung wäre Andrew Mackenzies Überlegung: „Manche Orte sind mit Empfindungen und Atmosphäre aufgeladen – man mag es nennen, wie man will –, die von einem sensitiven Menschen erfahren werden mag, wenn auch nicht von anderen, und diese Interaktion zwischen Mensch und Ort kann zu Halluzinationen führen, bei denen Erscheinungen gesehen oder Schritte oder seltsame Geräusche gehört werden." (25) Im Kapitel über Spuk wird uns diese Hypothese noch einmal begegnen.

Es kommt auch vor, daß nur ein Schemen gesehen wird: ein Schatten, der Teil einer Gestalt, die nie richtig plastisch wird. Eine solche begleitete Nick Estcourt am Mount Everest, sonderbarerweise aber folgte sie ihm, als wollte sie nur bei ihm sein. Auch dabei könnte es sich um ein Produkt der Psyche gehandelt haben.

„Um 3 Uhr 30 morgens brach ich ganz alleine auf und zog mich an den fixen Seilen zu Lager V hoch … Ich befand mich etwa 60 Meter über dem Lager, als ich mich umdrehte. Ich kann mich nicht erinnern warum, aber vielleicht hatte ich das Gefühl, daß mir einer hinterherstieg. Jedenfalls drehte ich mich um und sah diese Gestalt hinter mir. Sie sah wie ein gewöhnlicher Bergsteiger aus, weit genug hinter mir, so daß ich nichts davon merkte, wie er sich an dem fixen Seil emporzog – doch auch wiederum nicht zu weit entfernt. Ich konnte seine Arme und Beine sehen und schloß daraus, daß sich da einer anstrengte, mich einzuholen."

„Ich hielt inne und wartete auf ihn. Er schien auch anzuhalten oder zumindest sehr, sehr langsam weiterzuklettern; er dachte gar nicht daran, mir ein Zeichen zu geben oder zu winken. Ich rief nach unten, bekam aber keine Antwort und dachte mir also schließlich: ‚Was soll's. Ich kann auch alleine weiterklettern.' Ich überlegte mir, ob es nicht vielleicht Ang Phurba sein könne, der vom zweiten Lager in der Hoffnung heraufkam, uns alle in Lager V zu überraschen, kämen wir an diesem Morgen dort hinauf."

„Ich stieg also weiter, drehte mich aber drei- oder viermal unterwegs um … und diese Gestalt war immer noch hinter mir.

Es war zweifelsohne eine menschliche Gestalt mit Armen und Beinen, und ich kann mich noch an den Augenblick erinnern, als ich sie hinter einer leichten Welle am Abhang gesehen habe, von der Hüfte an aufwärts, wie das unter diesen Umständen normalerweise der Fall ist – der Unterkörper blieb in einer kleinen Vertiefung verborgen ... Ich drehte mich erneut herum, als ich den ehemaligen Lagerplatz IV erreichte, doch nun war überhaupt niemand mehr da." (26)

Die Aussage „wie das unter diesen Umständen normalerweise der Fall ist" könnte ein Hinweis darauf sein, daß Estcourt die Gestalt imaginiert hat. Besser ist es immer, wenn zwei oder mehr Menschen die Gestalt gesehen haben; das stützt die Glaubwürdigkeit der Geschichte, denn es gibt immer Leute, die an solche Episoden nicht glauben. Auch unter Geistern gibt es anscheinend unangenehme, schlecht gelaunte, die alles andere wollen als einem helfen.

Im nächsten Fall haben wir drei Augenzeugen. Alle drei werden sich ja wohl nicht getäuscht haben, sagt man sich. Eine handfeste Gefahr bei verwegenen Geschichten ist, daß sich da jemand einen Spaß ausgedacht haben könnte. Für den folgenden Bericht dürfte das nicht zutreffen, denn bei den Teilnehmern einer Skitour im Oslo-Fjord im Jahr 1950 handelte es sich um Mitglieder der britischen und amerikanischen Botschaft mit ihren Ehepartnern, insgesamt acht Leute.

Brigadier K. Treseder von der britischen Botschaft, der die Geschichte berichtete, und ein amerikanischer Kollege erreichten nach einem schönen Skitag, als der Abend hereinbrach, auf Skiern ihre Autos. Sie standen an einer geraden Straße, die einen weiten Blick in beide Richtungen zuließ. Bei den Autos fanden sie eine recht alte, großgewachsene Dame vor, die altmodisch gekleidet war und sie mit schottischem Akzent streng ansprach: Ob sie über ihr Land gefahren seien? Die Frau des Brigadiers stieß zu ihnen, und alle drei erhielten einen ordentlichen Anpfiff. Sie sollten schleunigst das Land verlassen und nie wiederkommen.

Die drei waren verwirrt, da sie nicht daran gezweifelt hatten, daß in Norwegen jeder skifahren könne, wo er wolle. Sie erzählten das aufgeregt den fünf anderen, die ankamen und fragten: Welche Frau? Niemand war mehr zu sehen, und es war obendrein nicht auszumachen, wo sie sich hätte verbergen können. In einem Bauernhaus erfuhr die Gruppe, daß der Urgroßvater des Besitzers eine Schottin geheiratet und hier gelebt habe. Man kam überein, die Erscheinung – der „böse Geist" – könne jene Frau gewesen sein. (27)

Schutzengel und Todesboten

Ein unsichtbares Wesen erscheint, und der Mensch macht sich seinen Reim darauf. Wenn in der näheren Umgebung die Geschichte existiert von einem früher Verunglückten, der regelmäßig Bergwanderern erscheint, dann scheint der Fall klar. In anderen Fällen, wenn der Mensch gläubig ist, kommt oft der Schutzengel ins Spiel, für den wir aber ebensowenig Beweise haben wie für Geister.

„Ein Schutzengel als Seilgefährte" nannte Franz Fischer ein Erlebnis. Der Hüter der Oberreintal-Hütte wird mit fünf Kollegen zu einer Rettungsaktion gerufen. Fischer seilt sich den Nordostgrat ab, der Fels bricht unter seinem Tritt, er fällt – und hängt plötzlich freischwebend in der Luft, ans Seil geklammert. In der „letzten Verzweiflung" schlingt er sich das Seil nochmals ums Handgelenk, pendelt … und endlich erwischt er einen Griff an der Wand und auch noch Halt für seine Füße.

„Es war halt mein Schutzengel damals mit am Seil, ich hab ihn gespürt, es war ein ganz guata, denn wie ich weiter bin und Griff um Griff derschnapp', da hat ein jeder gehalten, bis zum Grat hinaus. Da bin ich auf der anderen Seiten in eine Rinne und auf einen Standplatz gefallen." (28) Die Verunglückten konnten auch noch gerettet werden – doppeltes Glück.

Auch der niederländische Autor H. C. Moolenburgh hat einen Brief erhalten, in dem ein Schutzengel auftrat.

„Die folgende Geschichte spielt in den Dolomiten. Die Erzählerin war mit ihrem Mann auf dreitausend Meter Höhe beim Wandern. Sie waren zu einer Hütte gegangen, in der sie zu Mittag aßen. Um drei Uhr machten sie sich auf den Rückweg. Bis dahin war es ein strahlender Tag gewesen, aber ziemlich schnell verschwand die Sonne. Der Himmel wurde dunkelgrau.

Bevor es ihnen richtig klar wurde, gingen sie auf einem vereisten Weg, der am Rande eines tiefen Abgrunds entlangführte. Sie waren sich anfangs nicht bewußt, in welcher Gefahr sie sich befanden, aber dann wurde der Weg plötzlich spiegelglatt, und zu allem Überfluß kriegte der Mann, der vor seiner Frau ging, einen Anfall von Höhenangst. (…) Dann verschwand der Weg völlig, und es lag eine riesige Eisfläche vor ihnen, über die sie hinweg mußten, um zu der Seilbahn zu gelangen, die sie wieder ins Tal bringen sollte. Die Frau gab ihrem Mann die Hand, und sie betraten ganz vorsichtig die Eisfläche, den Blick direkt vor sich gerichtet, wobei sie den Abgrund im Auge behielten, von dem eine anziehende Wirkung auszugehen schien. Sie hatte große Angst und bat leise: ‚Gott, hilf uns bitte.' In dem Moment hörte sie hinter sich knirschende Schritte auf dem Eis. Das hat uns gerade noch gefehlt, dachte sie irritiert, daß wir jetzt auch noch von hinten gehetzt werden! Deshalb rief sie auf deutsch dem Nachfolgenden zu, daß er sich nicht von ihnen aufhalten lassen und vorbeigehen solle.

Da hörte sie hinter sich eine sanfte, eindringliche Stimme, die ebenfalls auf deutsch sagte: ‚Ich will Ihnen nur helfen.' Von der Stimme ging eine enorme Liebe und Ruhe aus, und die Frau antwortete sofort: ‚Oh, gerne, helfen Sie mir bitte.'

Dann fühlte sie zwei Hände, die sie an beiden Armen von hinten festhielten, und in kürzester Zeit hatten sie die gefährliche Eisfläche überquert. Es schien nicht länger als ein paar Sekunden gedauert zu haben. Die Hände ließen sie los, und sie sagte aus tiefstem Herzen: ‚Ich danke Ihnen!' Dann schaute sie sich um, und es war niemand zu sehen. Nur die völlige Leere der einsamen Berglandschaft. Das Komische ist, daß sie dieser Geschichte die Frage hinzufügte: ‚War das jetzt ein Engel?'" (29)

Der Engel ist vielleicht nur ein anderes Wort für Hilfe von innen. Der Amerikaner Stanley Krippner sagt dazu: „Manche Menschen erreichen einen solchen hohen Grad persönlicher und transpersonaler Entwicklung, daß sie in Zeiten großer Not in der Lage sind, innere/äußere Kräfte anzuzapfen. Ob diese Ressourcen ‚Geister' sind oder Bestandteile unseres eigenen

31

Unbewußten, mag dahingestellt bleiben." (30) Jedem steht es auch frei, den Engel heranzuziehen, wenn er „unverschämtes Glück" meint. Obwohl das Düstere auf diesen Seiten überwiegt, muß man doch feststellen, daß manche Menschen auch riesigen „Dusel" haben.

„Glück im Unglück" heißt ein Bericht, in dem ein Deutscher am Mittelhorn 540 Meter tief hinabfällt – und mit einer Schürfwunde in der Backe und einem tiefen Schnitt im Handgelenk davonkommt. Er sei fünfeinhalbmal die Höhe der Münchner Frauentürme hinuntergestürzt, rechnet staunend der Autor vor. (31) Ein anderer – ebenfalls in dem überwiegend dunkelgrauen Buch „Der Tod als Seilgefährte" wiedergegeben – bettet sich zur Ruhe in eine Art Hängematte und stürzt ab, 40 Meter tief. „Bis auf eine aufgeschlagene Augenbraue blieb er dabei erstaunlicherweise unverletzt." (32)

Nicht nur einen „Schutzengel am Yerupaja Grande" (so ein Kapitel des Buches „Der Turm in mir", Rosenheim 1990) – diesen 6 636 Meter hohen Berg bestieg er 1969 – scheint der bekannte Alpinist Sepp Mayerl gehabt zu haben. Im September 1962 fällt Mayerl von der Kuppel des Kirchturms von Ellbögen bei Innsbruck. Aus 25 Metern stürzt er – und sein Körper schlägt der Länge nach auf dem Friedhof auf. „Ich ringe nach Atem, bin bei Bewußtsein und erkenne, daß ich in der weichen Erde eines mit Blumen bepflanzten Grabes gelandet bin – im Grab der Familie Seidner. Zwei Kreuze, ein Grabstein und eine massive Holzeinfassung begrenzen meinen Landeplatz." (33)

Vergleichbares Glück in der Laliderer Nordwand. „Eine unvorsichtige Seilschaft hatte in der Herzogkante eine wahre Steinlawine ausgelöst. Wir befanden uns im Schluchtquergang, ich hatte das Vierzig-Meter-Seil gerade ausgeklettert und stand in der Fallinie zum hohlen glatten Schluchtaufstieg, als die Steinsalven herunterdonnerten. Dies war keineswegs eine Situation, die rasch vorüber war – nein, über eine Minute lang stand ich völlig schutzlos, an eine kleine Felsschuppe geklammert, im tobenden Hagel der fallenden und berstenden Steine. Als sich das Krachen und Heulen, der Staub und der Gestank gelegt hatten, hing ich unverletzt, ohne einen Kratzer abbekommen zu haben, immer noch an meinem Griff. Es war mir nichts passiert, und auch das Seil war noch ganz." (34)

Lionel Terray hat geschrieben: „Wenn ich während meiner ganzen Laufbahn auch nur einen einzigen Sturz getan habe, bei dem ich dem Tode nahe war, so bin ich wenigstens neun Mal durch Bergrutsch, Steinschlag oder Eisbrocken fast umgekommen." (35) Vielleicht hat jeder Bergsteiger von wenigstens einer Situation zu erzählen, in der er knapp davonkam. Vielleicht erhält jeder, der sein Leben aufs Spiel setzt, erst einmal einen Kredit vom Schicksal – wie der Spieler die Chips vom Casino. Alison Chadwick über ihre Zeit am Annapurna: „Das Leben hier ist ein dauerndes Russisches Roulette. Das ist der gefährlichste Berg, an dem ich je gewesen bin." (36) Auch Reinhard Karl verwendete diesen Vergleich: „Die Eistürme, die auf uns warten und denen man so hoffnungslos ausgeliefert ist, geben das Gefühl von russischem Roulette." (37) Ist das Geld aber verbraucht, sollte man gehen; sonst droht der Ruin.

Ein Gefährte von Karl hatte am Fitz Roy einen lichten Moment. „‚Ich geb das Bergsteigen auf. Ich weiß, wenn ich so weitermache, werde ich sterben', sagt Luis. ‚Soviel Glück kann man nur einmal haben.'" (38) Reinhard Karl sah auch klar: „Schutzengel oder Teufel, Glück oder Unglück, Pech, Schicksal, die Wahrscheinlichkeit von eins zu soundsoviel – alle Wörter sind nur Umschreibungen für die Hilflosigkeit, dieser Natur ausgeliefert zu sein." (39) Karl verunglückte am 18. Mai 1982 tödlich am Cho Oyu und der Pole Jerzy Kukuczka nach vierzehn Achttausendern an der Lhotse-Südwand, nachdem er gemeint hatte: „Warum sollte ich aufhören, wenn ich immer so viel Glück habe?" (40), und von dem zitierten Luis weiß man nicht, ob er sein Versprechen gehalten hat. Bergsteiger sind „Süchtige mit nur begrenztem Einsichtsvermögen, eben Bergsteiger". (41)

Wir selbst staunen trotzdem immer wieder, wenn – wie im Februar 1998 in Freiburg – ein eineinhalb Jahre altes Kind einen Sturz aus dem elften Stockwerk, 35 Meter tief, fast ohne Verletzungen überlebt. Oder wir staunen über das Glück jener Frau in Peking, die im Dezember 1997 einen Aufzug betrat, dem die Tür fehlte. Im zwölften Stockwerk fiel die Frau hinaus. „Als sie das Bewußtsein wiedererlangte, fand sie sich in den Seilen des Aufzugs verhakt, mit dem Kopf nach unten über dem Abgrund schwebend, wie es hieß." (42)

Diese überraschende Rettung trägt verblüffende alpinistische Züge – wenngleich Geschichten über Aufzüge nur am Rande in die Rubrik „Alpinismus" passen. Die Frau in Peking hatte Glück im Unglück; aber eine Halluzination an passendem Ort hätte ihr den Sturz erspart. Daher muß hier der berühmte Fall vom „Mann am Lift" folgen. Er soll sich nach Angaben von Andrew Lang im August 1890 in einem Hotel in Boston zugetragen haben.

Eine Dame läutete um die Zeit der Dämmerung die Glocke, die den Aufzug herbeirufen sollte. Sie schaute aus einem Fenster, lief dann zur Tür des Aufzugs, „sah einen Mann davor, blieb stehen, und als die erleuchtete Aufzugskabine heraufkam, merkte sie, daß die Tür weit geöffnet war und sie, wäre sie weitergelaufen wie geplant, in den Schacht hinabgestürzt wäre". Lang erläutert hierzu: „Hier könnte ein Teil ihres Geistes gewußt haben, daß die Tür offen war, und einen Geist aktiviert haben (denn da war kein echter Mann), um sie aufzuhalten." (43)

Erklärungen gibt es dafür nicht; mag sein, daß der Schutzengel in der Tat einspringt; und bei den Naiven, den Reinen im Geiste wie auch bei sensiblen Menschen greift er öfter ein als bei anderen. Doch das ist eine poetische Erklärung, die keinen wissenschaftlichen Kriterien standhält.

Geister sind meistens hilfreich. Es gibt keine Geschichten von Phantomgestalten, die den Wanderer in die Irre führen wollen; das mag daran liegen, daß wir für Unglücke heute rationale Erklärungen haben und nicht mehr Dämonen benötigen, die Bergsteiger in die Tiefe locken. Der Ersatz der Neuzeit für das Verhängnis der Griechen und für den übelwollenden Geist ist in unserer Zeit die rastlose Suche nach dem Fehler und nach dem Schuldigen. Trotzdem wirkt auf uns immer noch die Symbolkraft eines berühmten Bildes wie „Memento Mori" von Ernst H. Platz, das – 1892 entstanden (Original im Alpenvereinsmuseum Innsbruck) – einen Bergsteiger zeigt, hinter dem ein Skelett mit höhnischer Miene steht, eine Sanduhr in der Hand haltend. So wie die Rettung immer nahe ist, ist auch das Böse immer gegenwärtig. Wenn man so will, tritt das Böse zuweilen in Menschengestalt auf.

Wie eine archetypische Geschichte liest sich eine wahre Erzählung aus den Bergen – „Der fremde Seilgefährte". Willi Wechs beschreibt, wie ein Bergkamerad mit einem ihm Unbekannten aufbricht, der ihn schließlich in den Tod schickt.
„Die Hütte war an jenem Sommerabend zum Brechen voll. Als einer der letzten Bergsteiger traf ein guter Bekannter von mir ein. Wir begrüßten uns, und er fragte mich gleich, ob ich nicht Zeit und Lust hätte, mit ihm anderntags die und die Wand zu durchsteigen. Ich hatte mich aber bereits verabredet, und so mußte er sich nach einem anderen Gefährten umsehen. Ich kannte den Mann nicht, mit dem er sich dann zusammentat, hörte aber aus seinen Worten, daß der die Wand schon einmal durchstiegen. (…) Ich ermahnte ihn noch einmal zur Vorsicht mit einem Unbekannten. (…) Außerdem machte ich ihn auf einen Block aufmerksam, der in einem der ausgesetzten oberen Kamine nur lose eingeklemmt sei. (…)"
„Am nächsten Morgen gingen die beiden gut ausgerüstet in die Wand (…) Der Führende umging den Block rechts, dennoch mußte er mit ihm in Berührung gekommen sein, der Block brach aus, fiel auf den oberen Sicherungshaken, bog diesen heraus und riß meinen Bekannten aus der Wand (…) So kam es, daß der Führende zweimal zwölf Meter frei stürzte, allerdings ohne die Wand zu berühren. Er hing schließlich unterhalb des Sichernden frei pendelnd in der Luft. Der sichernde Zweite (…) ließ das ganze Seil durch die Standsicherung laufen, bis er schließlich selbst eineinhalb Meter hoch zum Standhaken hinaufgerissen wurde, wobei er sich einen Finger aufriß und durch den starken Ruck der Brustschlinge eine Nierenquetschung zuzog. (…) Was ist nun in einem solchen Falle zu tun – und was tat der Mann? (…) Nach Zeugenberichten rief er um Hilfe; dann, nach einiger Zeit, kappte er das Seil unterhalb der Sicherung, also zwischen der Sicherung und dem Gestürzten, so daß dieser, sein Kamerad, völlig bis zum Fuße der Wand fiel und natürlich tot war …" (44)

35

Der Schuldige soll sich darauf hinausgeredet haben, das Seil sei schon vorher gerissen gewesen – was ihm widerlegt werden konnte. Vermutlich hat ihn die Angst gepackt und der pure Egoismus in ihm die Oberhand bekommen. Verbrecherisch, meinte Walter Pause, Experte für alpine Sicherheit. – Es gibt indessen andere Fälle, in denen ein Bergsteiger meint, wenn er den verletzten Gefährten aufgebe, könne er – wenigstens er! – davonkommen, andernfalls beide am Berg sterben müßten.

Eine äußerst problematische Lage, der gerade geschilderten verwandt, war 1985 in den peruanischen Anden entstanden, in einem Massiv um den Cerro Sarapo. Simon Yates und Joe Simpson erreichten den gewünschten Gipfel, aber der Abstieg wurde zur Tortur. Simpson brach sich das rechte Bein, wurde von Yates noch geraume Weile abgeseilt, und beide sahen schon dem Tod ins Auge. Eine Horrorgeschichte spielte sich bei minus vierzig Grad in den verschneiten, unsicheren Wächten der Anden ab.

Simon Yates hielt Simpson, der soeben abgestürzt war und in der Wand hing. Er schrieb: „Es war fast eine Stunde her, seit Joe über den Absturz gefallen war. Ich zitterte vor Kälte. Mein Griff am Seil wurde trotz meiner Anstrengungen immer schwächer. Das Seil schob sich langsam hinunter, der Knoten drückte schon gegen meine rechte Faust. Ich kann es nicht halten, kann es nicht anhalten. Der Gedanke überwältigte mich. Schneerutsche, Wind und Kälte waren vergessen. Ich wurde hinausgezogen. Der Sitz bewegte sich unter mir, und Schnee rutschte an meinen Füßen vorbei weg. Ich rutschte ein paar Zentimeter mit. Als ich meine Füße tief in den Hang stampfte, hörte die Bewegung auf. Himmel! Ich mußte etwas tun." (45)

Was war zu tun – und was tat der Mann? Der Gedanke, daß der Gefährte mit seinem Beinbruch ohnehin dem Tod geweiht war, nach menschlichem Ermessen nicht mehr lebend zurückkehren würde, mag Yates die Entscheidung erleichtert haben. Was tat er also? „Das Messer! Der Gedanke tauchte aus dem Nichts auf. Natürlich, das Messer. Mach schnell, hol es heraus." Er fingerte mit den erfrorenen Händen das Messer heraus.

„Es brauchte keinen Druck. Das straffe Seil explodierte, sobald die Klinge es berührte, und ich flog rückwärts in den Sitz hinein, als die Zugspannung nachließ. Ich zitterte. (…) Ich lebte noch – das war das einzige, was ich in dem Moment denken konnte. Wo Joe war oder ob er noch lebte, beschäftigte mich während der langen Stille nach dem Schnitt nicht. Ich war von seinem Gewicht erlöst. Es blieben noch der Wind und die Lawinen." (46)

Simon Yates stieg ab, erreichte das Lager. Er machte keinen Versuch, sich zu rechtfertigen. Er meinte, versagt zu haben: Er hatte den Freund geopfert. Entscheidungen müssen fallen, manchmal fallen sie wie von selbst, und der Überlebensdrang kann übermächtig werden. Bei Yates führte der Schnitt durch das Seil zu tiefen Depressionen. Die Griechen der Antike hätten seine Handlung freilich verdammt; bei ihnen kommen nur Geschichten vor, in denen sich ein Freund für den anderen aufopfert.

Der Bergsteiger beging nur den Fehler, seinen Kameraden völlig aufzugeben. Denn das Unglaubliche geschieht: Simpson, der nur auf einen Felsabsatz gestürzt ist, seilt sich selbst ab, kriecht tagelang in übermenschlicher Anstrengung mit dem zerschmetterten rechten Bein dem Lager entgegen und erreicht es. Zum Glück sind Yates und sein Begleiter noch nicht verschwunden. Einen Gefährten zurückzulassen, ist eine folgenschwere Entscheidung. Man kann später nur das fragwürdige Glück haben, festzustellen, daß er gleich tot war und man sowieso nichts tun hätte können. Das lindert die Gewissensqualen.

Wenn der Tod eingetreten ist, meint man oft, ein Sinnbild der entfliehenden Seele des Verstorbenen wahrzunehmen. Davon erzählt Caterina Pigorini-Beri. Der arme Pacino ist in den Appeninen der Marken gestorben und wird in einem Bergfriedhof zur letzten Ruhe gebettet. Venanzo, ein 25jähriger Bauer, der den Sarg mitgetragen hat, kehrt zurück und weiß von einer wundersamen Begebenheit zu berichten: Er habe in seiner Hand die Seele des armen Pacino gehalten. Am Grab habe sich plötzlich eine kleine Maus auf seinen rechten Fuß gesetzt, die wer weiß woher gekommen sei.

„Eine Maus, Signora, hell und schön, mit leuchtenden Äuglein, die mir wie zwei Stück Phosphor vorkamen. Ich habe mich gebückt und sie in die Hand genommen, und es schien ihr zu gefallen: Ich habe ein Requiem gesprochen, und danach ist sie verschwunden, und ich habe sie nicht mehr gesehen. Ich nehme an, daß dieser gesegneten Seele nur noch dieses Gebet gefehlt hat. Ich habe Pacino immer so gern gemocht, wir waren dicke Freunde, er war mein Firmpate, und so war er gekommen, um von mir das Gebet zu erbitten. Ich sage Ihnen, Signora, das hat mich so gerührt! Und alle haben mit mir geweint." (47)

Eine Maus als Verkörperung der Seele ist außergewöhnlich. Häufiger ist der Vogel als Sinnbild, am ehesten die Taube. Ich erinnere mich, wie eine Münchner Freundin vom Zug mit dem Sarg des verstorbenen bayerischen Ministerpräsidenten Franz Josef Strauß durch die Innenstadt im Oktober 1988 erzählte. Die Ludwigstraße sei ganz still gewesen, der Zug habe gehalten, und auf einmal sei eine Taube aufgeflattert und habe sich emporgeschwungen in den herbstlichen Himmel. Häufigere Erscheinungen der Seelen sind Lichter, Lichterbälle und Flammen, denen wir später begegnen werden.

Geister auf dem Berg

Wir haben bislang von wahren Geschichten gehört, deren Schauplatz die Berge waren. Träume haben von Schrecklichem gekündet, Verstorbene sind erschienen, seltsame Geister haben ihre Aufwartung gemacht. In der Volkskunde ist ein Geist ein übernatürliches Wesen, das weder göttlich noch menschlich ist. Nun werde ich mich echten Geistern zuwenden, die eine feste Identität und einen Namen hatten, aber „ausgestorben" sind. Man glaubt nicht mehr an sie, also werden sie nicht mehr gesehen. So einfach ist das.

Diese Berggeister spuken durch Märchen und Sagen, welche in vielfältiger Ausprägung von Bergleuten berichtet wurden, die im Berginnern tätig waren. Aber auch die Almgeister, die wir schon kennengelernt haben, gehören zu ihnen. Am Anfang der Sage steht ein seltsames Erlebnis, das übersinnlich gedeutet wird, und ausformuliert wird eine Wahrheit der Psyche. Der Mensch denkt in Bildern, lebt mit Märchen und Gestalten. Sie ergreifen uns am stärksten. Geister werden in der Mythologie auch als übersinnliche Instanz bezeichnet wie in einem alten Vers der Eskimos, den der Bergsteiger Kurt Diemberger gern zitierte: „Nur die Geister der Luft wissen, was mir begegnet, hinter den Bergen – aber dennoch fahre ich mit meinen Hunden weiter vorwärts, weiter vorwärts …" (48)

Einem Geist werden auch oft Schritte zugeschrieben, die auf einem Berg öfter gehört werden. Hat ein Geist aber erst eine Gestalt, wird er auch gesehen; um 1850 glaubten noch fast alle Iren an die Feen, ihre Phantasie war rege, und zuverlässig gab es immer wieder Augenzeugenberichte. In diesem Jahrhundert ist das an vielen Orten mit dem Yeti passiert, wie überhaupt der Yeti, der Bigfoot und das „Monster" von Loch Ness an die Stelle der Feen, des Urisk und des Kasermandls getreten sind.

Zuerst als Einstimmung zu den beliebtesten Figuren des Düsteren: den spukenden Schloßherrn, Schloßgespenstern und „Weißen Frauen". Verfallene Gemäuer regen immer unsere Phantasie an, aber nur wenige Menschen sind sensibel genug, bei einem Besuch derselben auch etwas zu empfinden. Ein befreundeter Arzt hat mir berichtet, er habe mit seiner Frau eine Ruine im Hegau bei Singen besucht, dabei ein seltsames Gefühl gehabt und ein höhnisches Lachen gehört. Danach fragte er seine Frau: ‚Hast Du auch etwas gehört?' Sie hatte. Es muß sich nicht um Einbildung handeln.

Wenn Gestalten auftauchen, sind sie manchmal zu identifizieren. Die Weiße Frau, die im Ansbacher Schloß mit Handzeichen das Ende eines Menschen ankündigt, soll der Geist von Kunigunde von Orlamünde sein. Das Aschaffenburger Schloß Johannisburg, das Neue Schloß in Bayreuth und dasjenige in Steinenhausen im Landkreis Kulmbach sind nur drei Orte, an denen die Weiße Frau Schlachten ankündigt und vor Unheil warnt. In Aschaffenburg soll die Weiße Frau zuletzt am 11. Juni 1886 dem damaligen Kastellan Josef Wintersheimer, einem gebürtigen Münchner, erschienen sein; zwei Tage später fand König Ludwig II. von Bayern unter bisher nicht geklärten Umständen im Starnberger See den Tod. (49)

In Burgen auf dem Berg, die lange verlassen dalagen, könnte sich die genannte Imprägnierung länger halten als anderswo. Zwei Weiße Fräulein sind schon auf dem Schongauer Schloßberg beobachtet worden, und auf der Burgruine Lichteneck, auf 701 Meter hoch in der Nähe vom Hohenbogen gelegen, soll „allnächtlich zur Geisterstunde ein Burgfräulein in weißem Sterbekleide aus dem verfallenen Thore hervorschreiten, in den Graben hinabsteigen und sich auf einer bemoosten Steinplatte am Fuße des Thurmes niederlassen". Das Fräulein hatte sich zu Lebzeiten, nach einer nicht gelittenen Verbindung von den Eltern verflucht, vom Turm in den Tod gestürzt.

Es ist Allgemeingut, daß Menschen für böses Tun büßen müssen und als Tote „keine Ruhe finden". In die Isenbrechen, eine Gebirgsschlucht in der Nähe von Hindelang, sollen früher betrügerische Richter gebannt worden sein. In einem Bericht aus dem Jahre 1855 heißt es: „An Sonn- und Festtagen sieht man sie wohl auf den nahe gelegenen Alpen auf und ab wandeln, in ihren rothsammetnen Wamsen und in großen Perücken. Die Schlimmsten aber unter ihnen sind von ewiger Nacht befangen und hausen, in scheußliche Kröten verwandelt, zwischen den Felsklüften, durch welche die Osterach fließt." (50) Auf den Elsässer Belchen sind nach dem Volksglauben viele Feldmesser gebannt, die während ihrer Lebenszeit die Leute betrogen haben. Sie müssen immerzu den Berg ausmessen und führen den Wanderer stundenlang irre. (51)

Die Mutter einer Engländerin, einer gewissen Frau E., will im Schwarzwald in der Nähe von Biesingen den Geist eines Missetäters getroffen haben. Sie sei spät vom Bahnhof in Richtung Biesingen gegangen. „Da kam der Mond zwischen den Bäumen des nahen Waldes hervor und plötzlich sah sie – nur wenige Schritte vor sich – eine merkwürdige Gestalt." Es war ein Bauer, der mit gesenktem Kopf „rüstig" vorwärts schritt. Er trug eine Tracht, die der Frau seltsam altertümlich vorkam. Schnell ging sie voran, um ihm nahezukommen, war an seiner Seite, sah in sein Gesicht – und glaubte im Dämmerlicht zu erkennen, daß „dieses Gesicht völlig leblos schien und keine Augen hatte", schreibt die Berichterstatterin Marie Schwickert. Doch die Augenzeugin rannte nicht davon; nein, sie fühlte sich gezwungen, neben dem Mann herzugehen, bis sie einen Grenzstein sah. Das Feld war zu Ende. „Und in der nächsten Sekunde geschah etwas Sonderbares. Ihr Begleiter verschwand plötzlich spurlos vor ihren Augen, als wäre er in der Luft zerronnen oder vom Erdboden verschlungen worden." Es war der verwunschene Acker, wo vor fünfzig Jahren ein Bauer die Grenzsteine in betrügerischer Absicht versetzt hatte. Und ein alter Nachbar zeigte ihr ein Bild: Er war es wohl, der Bauer, der „im Grabe keine Ruhe fand". (52)

Grenzsteine gab es in Deutschland vermutlich schon zur Zeit der Kreuzzüge, und sie zu verrücken galt als eine Freveltat. In den alten deutschen Zehntordnungen werden dafür grausame Strafen angedroht (von denen allerdings, wie Karl-Heinz Hent-

schel anmerkt, ungewiß ist, ob sie jemals ausgeführt wurden).
Als Beleg für die ursprüngliche Stelle wurden meist „Zeugen"
unter den Stein gelegt in Gestalt der beiden Teile eines zuvor
durchgebrochenen Steinplättchens. (53)

Hans-Günter Richardi zitiert aus einem Buch von Georg Den-
dorfer (1931), der von einer wahren Versammlung von gei-
sternden Büßern aus Gastronomie und Verwaltung auf der in
120 Meter Höhe angesiedelten Burg Stockenfels wußte: „Die
Burg ist jetzt der Aufenthaltsort von Geistern, die ehedem als
Brauer dünnes und ungesundes Bier machten, von Wirten und
Wirtinnen, die das Bier tauften, d. h. mit Wasser verdünnten,
von Kellnern und Kellnerinnen, die ‚schlecht einschenkten‘,
von Rechtsanwälten, die dem Recht und der Gerechtigkeit
kunstgerecht eine Nase drehten, von Verwaltern, die das Gut
ihrer Herren wie Eigengut ‚ver‘-walteten, d. h. veruntreuten,
von Beamten und Herren von hoher Würde und ohne Bürde,
die das Landvolk mißachteten und drückten, überhaupt von
allen, die es verstanden, im Leben Unrecht zu tun, ohne von der
irdischen Gerechtigkeit ‚erwischt‘ zu werden." (54)

So geschah es auch Priestern und Mönchen in Südtirol, die
früher mächtig waren und deren Verfehlungen in das Sagengut
eingingen.
    „In der zweiten Hälfte des 16. Jahrhunderts war Lucius von
Schlandersberg Abt des Klosters Marienberg und muß noch als
Geist umgehen. Er wandelt manchmal nachts durch die Gänge
des Klosters und verschwindet in der sogenannten alten Prälatur. Er fügt niemandem ein Leid zu, man muß ihm aber aus-
weichen. Und wenn man sagt: ‚Alle guten Geister loben Gott
den Herrn‘, nickt er beifällig mit dem Kopfe. Im Jahre 1844
gingen zwölf Benediktiner nach der Vesper aus dem Chore in
ihre Zellen, es war noch lichter Tag, da sahen sie einen dreizehnten unter ihnen, die Kapuze tief über den Kopf gezogen.
Er ging zur alten Prälatur und verschwand dort. Es soll dies am
Todestage des armen Abts geschehen sein." (55)
    Auch am Arlberg wurde der ruhelose Geist eines Mönches
gesichtet.

„In den Gebäulichkeiten auf dem Arlberge ward öfters ein Mönch gesehen, der mit seinem silberweißen Barte, dem härenen Gewande und der Mantelkappe allen eine gewisse Scheu einflößte. Er gebärdete sich, als wäre er ein regelrechter Insasse des Wirtshauses, ging aus und ein wie andere, war aber stets in sich gekehrt und schien vom Getriebe der Welt wenig beansprucht zu werden, ohne jedoch abstoßend und mürrisch zu sein. Wenn er auch jeglichen Winkel des Hauses als den seinen betrachtete, so wohnte er doch vorzugsweise im Keller, wo er am ehesten zu treffen war."

„Hatten die Dienstboten die Hitze und Last des Tages getragen, so versammelten sie sich in der Wirtsstube zum Abendessen und weilten hierauf noch lange Zeit unter Geplauder gemütlich beisammen, indem die Dirnen das Rädchen drehten, und die Knechte ihre müden Glieder auf den Bänken ausstreckten oder ein Pfeifchen rauchend sich zum Schlafe einwiegten. Allabendlich erschien auch der Mönch und nahm schweigsam auf der Ofenbank neben der Türe Platz. War dieser Posten bei seiner Ankunft bereits besetzt, so wies er den Inhaber von dannen, und wenn die Entfernung nicht willig erfolgte, so riß er ihn herunter, daß er auf den Boden fiel. Das passierte jedem, der, mit den obwaltenden Verhältnissen unbekannt, sich diese Ruhestätte wählte. (…) Späterhin blieb auch der Mönch aus." (56)

Der Bergmönch ist unter Bergleuten eine vertraute Gestalt gewesen. Im Harz, in Baden, in Graubünden, Siebenbürgen und Sachsen trieb er sein Unwesen. Er war größer als ein Mensch, mit grauem und weißem Haar, bestrafte Unrecht und zeigte sich besonders unduldsam gegenüber Pfeifen, Fluchen und Leuteschinden. Er soll sich aus der ursprünglichen Tracht des Bergmanns entwickelt haben, der sich früher mit einer Kapuze schützte. (57)

Auch in Japan ist die geisternde Gestalt von Mönchen und Priestern in der Volkssage gegenwärtig. Eine beginnt schlicht so: „Es gibt einen hohen Berg mit dem Namen Kumagaseno-mori, der breiter als eine ‚ri‘ ist und in der Nähe des Dorfes Shatamiai in Makinoyama-go liegt, im Distrikt Kami." Von irgendwoher kam ein verheiratetes Paar – beide Partner waren

Wanderpriester – und stieg auf den hohen Berg. Die Frau kam mit einem Kind hernieder, und ihr Mann ging hinunter ins Tal, um Wasser zu holen. Als er zurückkehrte, fand er seine kleine Familie tot vor: von Wölfen gefressen. Nur ihre Knochen lagen noch da. Der Mann zog blind vor Wut und Verzweiflung sein Schwert und stürzte sich unter das Rudel, doch der Übermacht hielt er nicht stand. Auch er wurde gefressen. Nicht viel später fand ein Mann aus dem Dorf das Schwert und nahm es mit nachhause, wo er bald vom Geist des Wanderpriesters verfolgt wurde und sich seltsame Dinge ereigneten. Das Schwert wird heute als Shinto-Heiligtum verehrt, und die getötete Familie des Wanderpriesters verwandelte sich in Büffel. Noch heute soll es Dutzende Büffel an dem Berg geben und die Erde unter ihrem Brüllen erbeben. (58)

Durch den christlichen Glauben an das persönliche Überleben des Todes ist uns von Geistern erzählt worden, die ruhelos seit Jahrhunderten spuken; der Buddhismus aber glaubt an Reinkarnation und auch an eine Hauch- und eine Körperseele, die getrennt den Leichnam verlassen und getrennt wiederkehren. Die Sage in China und Japan kennt also eher Tiergeister, Wiedergänger, den Fluch von Toten und etwa auch den Geist des Hungers. Dieser, Hidarugami (von Hidaru, Hunger), erscheint auf Paßstraßen, in Berghöhlen oder an Kreuzungen. Er wird verkörpert durch Menschen, die verhungert sind und anderen Menschen zur Erfahrung des Hungers verhelfen.

Der wundersame Magier und Bergmönch Nangakubo traf in dem armen Dorf Koyaba ein, das im Bezirk Koga liegt. Es ist umgeben von Bergen, und die Menschen pflanzen Tee an und fertigen Keramik. Der Gouverneur bekam es bei den merkwürdigen Kuren und Taten des Mönches mit der Angst zu tun, und er beauftragte einen Untergebenen, diesen zu töten. Nangakubo tat, bevor ihm das Haupt abgeschlagen wurde, noch einen Fluch: „Wenn eure Familien Süßkartoffeln pflanzen, so werden von Generation zu Generation nur Blüten auf den Schößen wachsen, aber keine Kartoffeln. Eure Familien werden niemals zu Wohlstand kommen!" Nicht nur das geschah; sondern auch Hungersnöte und Krankheiten traten auf, und nur der Bau einer Pagode und eines Gedenksteins für Nangakubo konnten den Fluch abschwächen. Doch die Kartoffeln gediehen nie. Die Leute des Dorfes nannten die Blüten Nangaku-bana und meinen, daß sie Unglück bringen. (59)

Auch in Texas werden Geister auf den Bergen wahrgenommen. Der Delores Mountain im Südwesten des amerikanischen Bundesstaats trägt den Namen einer Frau, die als Geist oft gesehen wird. Sie soll groß sein und dunkelhaarig – eine frühere Bedienung, die um 1880 außerhalb von Laredo gearbeitet hatte. Sie verliebte sich in einen Schafhirten, der viele Wochen mit seinen Tieren in den Bergen verbrachte. Als sie sich trennen mußten, entzündeten die beiden Liebenden Zweige, um sich über die Entfernung hinweg Zeichen ihrer Zuneigung zu senden. Leider nahmen auch die Apatschen die Feuer wahr und töteten den Schafhirten. Seit jener Zeit steigt Delores immer noch auf den Berg, nun alt und grau, und entzündet ein Feuer, unermüdlich auf eine Antwort ihres Liebsten wartend. (60)

Geister am Gipfel

Lage und Form mancher Berge haben dazu geführt, daß sie als Tummelplatz von Dämonen galten. Sicher haben dazu auch Wolkenbildungen und Schattenphänomene beigetragen. So sind Erzählungen von Geistern entstanden, die den Namen des Berges tragen, auf dem sie erspäht wurden.

Im Hochtal von Böhmisch-Eisenstein, und nur da, erzählt man sich von einem Arbergeist. Paul Friedl führt aus: „Wenn der Gipfel des höchsten Berges in den Wolken steckte oder der Nebel ihn einhüllte, wohnte der Berggeist dort oben, saß auf seinem Felsenthron und dachte über das Schicksal des Landes und seiner Menschen nach, und wer vom Böhmischen aus mit halb zugekniffenen Augen zum Arber hinübersah, konnte im Gewölk und Nebel manchmal das Gesicht des Berggeistes ausmachen, umrahmt von einem wallenden grauen Bart. Wem dies gelang, der war ein Glückskind, denn nur wenigen Menschen gab sich der Arbergeist auf diese Weise zu erkennen. Und diese Glücklichen konnten einen Wunsch hegen, der dann auch in Erfüllung ging. So erzählte man.

Auf dem Berge selbst hat noch niemand den Arbergeist gesehen, aber an trüben und wolkenverhangenen Tagen konnte man, so man allein auf dem Gipfelfelsen unter dem Kreuz stand, seine Anwesenheit spüren. (...) Auch als Wettergeist zog man ihn im Eisensteinertal zu Rat. Wenn sein wallender Nebelbart nach unten wuchs, folgten Tage schlechten Wetters, und wenn er sich zurückzog, dann folgten schöne Tage. Verließ der Arbergeist aber seinen Berg und schaute der Gipfel klar in die Täler, richtete der Böhmerwaldbauer zum Heuen oder Kornschnitt an. ‚Schej wird's, da Arbageist sogt's', hieß es." (61)

Zu Goethes Zeiten wurde das „Brockengespenst" gefürchtet, benannt nach dem 1142 Meter hohen Berg im Harz. Der Brokken galt schon immer als Lieblingsplatz von Hexen und Dämonen: als der „Blocksberg". Angeblich läßt sich das Brockengespenst alle Jahre zu einer gewissen Zeit sehen. Es will die Leute vom Brocken vertreiben. Ein Hirt sah in einem besonders trockenen Sommer einen riesigen Mann über den Brocken schreiten, dessen Schritte das Gras versengten. In anderen Quellen wird das Gespenst für eine Frau gehalten. Vermutlich handelt es sich dabei um den ins Riesenhafte vergrößerten Schatten, den die Sonnenstrahlen gegenüber feinen Wolken auf eine Felswand drei Kilometer entfernt projizieren.

Diese Erklärung, die schon um 1818 bekannt wurde, verringerte aber gewiß nicht den Schauder, den ein Mensch angesichts des Riesenwesens am Berg empfinden mußte. „Brockengespenst" ist zum Begriff für die Illusion geworden, die auch der Bergsteiger und Autor Gordon Stainforth erlebt und als reichlich merkwürdig empfunden hat: Auch seine Gestalt wurde von der Sonne auf einen Schirm aus ultrafeinem Nebel geworfen.

Ein Riese ist auch der Berggeist Rübezahl, der das Riesengebirge berühmt gemacht hat. „Dieser Fürst der Gnomen besitzt zwar auf der Oberfläche der Erde nur ein kleines Gebiet, von wenigen Meilen im Umfang, mit einer Kette von Bergen umschlossen. Aber unter der urbaren Bergrinde hebt seine Alleinherrschaft an und erstreckt sich auf achthundertsechzig

Meilen in die Tiefe, bis zum Mittelpunkt der Erde. (…) Freund Rübezahl ist geartet wie ein Kraftgenie, launisch, ungestüm, sonderbar; bengelhaft, roh, unbescheiden; stolz, eitel, wankelmütig, heute der wärmste Freund, morgen fremd und kalt; zuzeiten gutmütig, edel und empfindsam; aber mit sich selbst in stetem Widerspruch, albern und weise, schalkhaft und bieder, störrisch und beugsam." (62)

Rübezahl treibt oft seine Scherze mit den Menschen. Er scheint eine Vereinigung aus bösem und gutem Geist zu sein, eine Verkörperung des scheinbar unberechenbaren Berges, der für Unglücke und Mißgeschick haftbar gemacht werden kann.

Um einen Riesen sollte es sich auch beim Monster vom Ben Macdhui in den Cairngorms handeln, der zunächst durch Geräusche von Schritten beim Abstieg vom 1300 Meter hohen Gipfel auf sich aufmerksam machte. Professor Norman Collie – ein erfahrener Mann, der schon mit Mummery Bergtouren unternahm – hatte 1891 als erster im dichten Nebel diese Schritte vernommen, über einen Fußmarsch von einigen Meilen hinweg, und sich keinen Reim darauf machen können. Dr. A. M. Kellas will in einer Juninacht, als er mit seinem Bruder auf dem Gipfel stand, eine Gestalt gesehen haben, die um den Bergsporn wanderte und auf dem Paß verschwand. Sie soll zum Estaunen des Doktors fast drei Meter groß gewesen sein. Syd Scroggie sah 1942 auf dem Macdhui eine große menschliche Figur aus der Dunkelheit auftauchen, die keinen Rucksack trug, um den See schritt und wieder von der Schwärze verschluckt wurde. Scroggie rief, aber erhielt keine Antwort und stieg verängstigt ab. (63)

Drachen, Monster und Sirenen

Die Volkssage läßt meist menschenähnliche Gestalten auftreten, aber auch Tiere oder Fabeltiere.

Das Monster vom Mogollon Rim scheint einem Menschen zu ähneln, soll zwei Meter zwanzig groß werden und ohne Haut sein. Es wird beschuldigt, Wanderer in dieser einsamen Gegend im mittleren Arizona (im Südwesten der USA) getötet und entführt zu haben. Das Monster vom Berg ist, sagen die Navajo-Indianer, der Geist eines Mannes, der von den Indianern gefangen, dem die Haut abgezogen und der an den Händen aufgehängt wurde. „Skinwalker" nennen sie ihn. Als Schlange zeigt sich in den Superstition Mountains bei Arizona der Geist von Montezuma (1503–1520), des letzten Herrschers der Azteken. Apatschen, Hopis und Navajos haben oft berichtet, ihm bei ihrer Suche nach Visionen (der „Vision Quest") begegnet zu sein. Die „Große Schlange" ist zehn Meter lang, und wem es gelingt, sie auf den Mund zu küssen, der erlangt übernatürliche Gaben. (64)

Die Schotten, Erben der mythenreichen keltischen Tradition, kannten weitaus interessantere Wesen. Am Ben (Berg) Vair soll ein Drache gehaust haben, der sich in einer Höhle dort verbarg und unverdächtige Wanderer in Stücke riß. Aber Charles the Skipper machte ihm den Garaus, und sogar die Nachkommen des Untiers mußten daran glauben. Der Drache war nicht überall als Monster verschrien. Bei den Chinesen des siebzehnten Jahrhunderts verkörperte er lebensspendende Kräfte, besaß Macht über den Regenfall, war das Wappentier des Kaisers und eine Art Wettergottheit, die sogar vor Unwettern schützen konnte. Im Mittelalter wurde er aber von den Menschen am meisten gefürchtet. „Sie stellten sich dieses Fabeltier, das die Bayern auch Tatzelwurm oder Lindwurm nennen, als ein riesiges Reptil mit mehreren Köpfen vor, das Feuer spie und einen giftigen Hauch verbreitete. Die Bezwingung eines Drachen galt schon bei den Germanen als eine außergewöhnliche Mutprobe", schreibt Richardi. (65)

In Schottland ist es oft ein Einheimischer, meist ein Adeliger, der das Land von der Geißel des Drachen erlöst. Ein bayerischer Hirte hatte weniger Glück. Er war, wie die Sage will, auf dem Hohenbogen bei Kötzting im Bayerischen Wald, der eine Burgruine trägt, umhergeklettert und einer schönen blassen Frau im weißen Gewand begegnet. Sie sei in der Gewalt des Drachen, erfuhr er, und er könne sie erlösen, wenn er nach acht Tagen wiederkäme und beherzt in den Brunnen mit geschmolzenem Gold greife. „… immer langsamer näherte er sich dem grauenvollen Ort. Da erblickte er den von Gold überströmenden Brunnen, dabei den scheußlichen Drachen, welcher seine Krallen nach ihm ausstreckte und ihn zu verschlingen drohte. Es graute dem Hirten, doch hatte er noch den Muth mit abgewendetem Gesicht die Hand nach dem Brunnen auszustrecken. Aber nun spie der Drache Feuer und Flammen, und der Hirt floh den Berg hinab." (66) Auch auf der Burgruine Buchberg bei Ringelai soll ein Drache gehaust haben, der einen Schatz bewachte und in den Nachtstunden zuweilen aus dem Felseninneren hervorkam und einen „erzlangen Schweif" hinter sich herzog. (67)

Vom Drachenfels im Siebengebirge bei Bonn erzählt eine Sage „von einem furchtbaren geflügelten und geschuppten Ungeheuer, das auf dem Berg lebte und die damals noch heidnischen Bewohner der Umgebung bis nach Trier hin in Angst und Schrecken versetzte. Diese brachten ihm deshalb regelmäßig ihre Gefangenen zum Opfer dar. Einmal gehörte zu solchen Gefangenen auch ein bildschönes Mädchen, in das sich die Söhne des siegreichen Häuptlings verliebten. Um einen Bruderstreit zu vermeiden, bestimmten die Priester, daß die Jungfrau sogleich dem Drachen zum Fraß vorgeworfen werden müsse. Sie aber war eine Christin, und als sie vor der Höhle an einen Baum gebunden worden war, erwartete sie furchtlos das Ungeheuer. Als sich dieses näherte, hielt sie ihm ein kleines Kreuz entgegen. Der Drache schreckte daraufhin zurück, stürzte den Steilhang hinunter und brach sich das Genick. Die Zuschauer dieses makabren Schauspiels aber zeigten sich so tief beeindruckt, daß sie das Mädchen befreiten und sich sogleich taufen ließen." (68)

Gefährlich waren auch Wasserbewohner wie die im schottischen Hochland lebenden „Wasser-Kelpies".
Sie werden in einem Schriftstück von 1823 so beschrieben:
„In den früheren und dunkleren Zeitaltern der Welt, als die Menschen nicht die Hälfte des Witzes und der Weisheit besaßen, über die sie heute verfügen, und als sie deshalb viel leichter von bösen Mächten verführt wurden, war der ‚Ech Uisque'

oder das Wasserpferd, wie der Kelpie gewöhnlich genannt wird, ein bekanntes Wesen in jenen Ländern. Der Kelpie war ein Abgesandter der Hölle, in Diensten und Brot von Satan, der ihm eine Belohnung aussetzte, wenn er Dienste leistete, die seinen Interessen zugute kamen. Er (der Kelpie) war ein amphibisches Wesen und ließ sich normalerweise in Seen und Wasserlöchern nieder, die an öffentliche Straßen grenzten ... Sein Auftrag bestand in der Zerstörung menschlicher Wesen, ohne ihnen jedoch die Zeit zu lassen, sich um ihre unsterbliche Seele zu kümmern, wodurch sie seinem Meister gesandt werden konnten, während er, der Kelpie, sich am Körper schadlos hielt." (69)

Natürlich kennen die Schotten mit ihren zahlreichen „Lochs" (Seen) auch Sagen von Meerjungfrauen. Mit den Bergen sind indessen eher die Sirenen verknüpft. In Homers Odyssee treten sie auf als Monster mit dem Körper eines Raubvogels und dem Kopf einer Frau. Sie singen betörend schön, bis der Seemann ins Wasser springt und zugrunde geht. Die Sirenen wollen den Menschen ins Verderben locken. Neben der Geschichte, wie Odysseus seine Kameraden in Schafsfellen an dem blinden Polyphem vorbei bugsiert, war in der Antike die Geschichte der Sirenen die beliebteste aus Homers „Odyssee". Oft sind die tückischen Sirenen mit ihrem Vogelkörper auf Vasen der heroischen Periode abgebildet.

In der Nähe des Flusses Cato in der chilenischen Provinz Nuble macht zuweilen eine wunderschöne junge Frau dem Wanderer ihre Aufwartung. Sie trägt goldenes Haar und singt mit sanfter Stimme und so ergreifend, daß der Wanderer der Sirene (La Sirena, unter diesem Namen ist sie bekannt) in den Berg folgt und nicht zurückkehrt. Niemand weiß, was dort mit ihm geschieht. (70) Was einer Frau geschieht, die auf der Insel Chiloé dem „Trauco" begegnet, weiß man. Dieser häßliche Waldgnom ist für seinen Charme und seine Manneskraft bekannt; wenn man einem Chilenen von Geistern in den Bergen erzählt, wird dieser gleich den Trauco erwähnen und einem vielsagend zuzwinkern. Die Insel Chiloé liegt im Süden des Landes, fast tausend Kilometer von Santiago de Chile entfernt,

50

und ist fast ein Land für sich. Der Trauco gilt dort als Patron sämtlicher unehelicher Kinder. (71)

Unser bekannteste Sirene, die schöne Frau auf der Loreley, ist erst von Clemens Brentano 1799 durch die Ballade „Lore Lay" eingeführt und von Heinrich Heine unsterblich gemacht worden. Doch schon im 13. Jahrhundert hieß es, der Hort der Nibelungen sei auf dem Loreley-Berg, und das berühmte Echo soll auf Zwerge zurückgehen, auf Heinzelmännchen, die dort in Höhlen hausen. (72)

Feen, Urisk, Kasermandl

In Irland waren um die Mitte des vergangenen Jahrhunderts die „guten Leute", die „Good people", scheinbar leibhaftig anwesend. In anderen Gegenden trugen sie einen anderen Namen: die „kleinen Leute" (etwa auf der Isle of Man). Wir können sie einfach als Feen (Fairies) bezeichnen, im gälischen Original „Sidhe" oder „Tuatha De Danaan". Sie sind eine nichtmenschliche Rasse von intelligenten Wesen, die – in den Bergen, aber eigentlich überall, wo es ihnen gefiel – Sterbliche, die ihnen wunderschön vorkamen, entführen und ihnen die Unsterblichkeit der Feen übertragen konnten. Und wenn ein Entführter zurückkam, dann war er sehr alt: Die Zeit im Feenland vergeht rasend schnell, viel schneller als bei uns.

Es gab neben den „kleinen Leuten" die Todesfee Banshee, die sich pünktlich vor einem Todesfall einstellte und schrie, die Wasserwesen, die dem Menschen Energie entzogen und andere Abarten gemeiner Natur. Über die Herkunft des Glaubens an sie herrscht Uneinigkeit. Man meint aber, daß sie eine Erklärung darstellten für Katastrophen, Unglück, das Verschwinden von Menschen, Krankheiten und mißgestaltete Kinder. Und so klein sind die Feen, weil man sich früher die Seele immer als eine daumengroße Gestalt vorgestellt habe.

Der Forscher Walter Yeeling Evans Wentz (1878–1965) hat sich Ende vergangenen Jahrhunderts mit vielen alten Leuten in Irland unterhalten können, die ihm spannende Geschichten erzählten. Das Buch „The Fairy Faith in Celtic Countries" (Der Feenglaube in keltischen Ländern) versammelt diese Erzählungen.

In der Gegend um Tara und Boyne waren die guten Leute kleine Männer in roter Kleidung. In anderen Regionen kannte man sie in grünen Wämsen, und John Glynn aus Tuam traf einmal einen Kleinen der „Gentry" – die Toten der vorweltlichen Völker in Irland –, der blaue Kleider trug und von einer silbernen Aura umgeben war. Ein irischer Mystiker sagte Evans Wentz: „Wenn man diese Wesen sieht, von denen ich spreche, können die physischen Augen geöffnet oder geschlossen sein: Sie sind mystische Wesen in ihrer eigenen Welt und Natur und werden mit den psychischen Augen gesehen." (73) Also nahmen eher die übersinnlich Begabten die Feen und alle kleinen Leute wahr.

Experten hielten die Feen für die Bewacher und Hüter der toten Seelen, doch Menschen Mitte des vergangenen Jahrhunderts nahmen sie für Tote selbst, für Geister. Die Felsen und Berge waren voll von den Feen. Man mußte achtgeben, wenn man spazierenging. Robert Kirk, Priester von Aberfoyle, soll im Jahr 1692 von den Feen entführt worden sein, als er auf dem Berg wanderte, den sie bevölkerten – „weil die Feen sich über ihn geärgert hatten, denn er hatte ihnen ihr Geheimnis geraubt." (74)

Manche Feen suchten sich in der Tat unzugängliche Orte wie Berge und Abhänge aus. Sie lebten dort in Steinkreisen und Feenkreisen im Gras, wo sie unsichtbar waren, bis ein Sterblicher über die Grenze trat, worauf er in den Kreis gezogen wurde und gemeinhin für zwölf Monate und einen Tag verschwand. Nicht selten stiegen Feen zu den Märkten der Menschen hinab und stahlen Butter und kleine Kuchen. Nur der Mensch konnte sie sehen, der seine Augen mit Feensalbe bestrichen hatte oder ein vierblättriges Kleeblatt auf dem Kopf trug. (75)

In Schottland kannte man den Urisk, ein „großes, dummes, übernatürliches Wesen mit einzelgängerischen Gewohnheiten und von harmloser Natur. Er wurde normalerweise abends gesehen, saß auf einem Felsen, ‚mor glas' (groß und grau), und betrachtete die Eindringlinge. Der Urisk sprach gelegentlich zu

Vorbeikommenden und soll sogar manche angegriffen haben; aber in der Regel gab er sich nicht mit Menschen ab." (76)

Auch in Südtirol sind Sondergestalten des Volksglaubens entstanden wie der Orco und die kleinen Nörgelen, die als „koboldartige Hausgeister" in Kellern und auf Almen leben. (77)

Das Mandl Salt war ein Geist mit einem grünen Gewand, der einmal über Salt einen Richter in die Irre geführt hat; also ein gemeiner Geist, der Menschen schaden wollte. (Gut möglich, daß jemand, der sich verlief, solch eine Geschichte erzählte, um seinen Irrtum zu rechtfertigen.) Bekannter aber ist das Kasermandl. „Kasermannderl heißen die kleinen Zwerglein, die auf Kasern (Sennhütten) und Almen leben." – „Der Kaser ist der Senn, und das Kasermanndl gilt manchmal als ein büßender Senn, der auch erlöst werden kann." (78)

Eine Magd mußte noch einmal hinauf auf die Alm, und da schien es ihr, als sei jemand dagewesen; das Feuer glomm noch. Das Kasermandl gab ihr auf dem Rückweg noch Licht. „Sie ist dann unbehellt heimgekommen, war dann von der Zeit an sehr wortkarg und hat auch nimmer lang gelebt. Sie ist allmählich in ein Siechtum übergegangen." (79) Die Begegnung mit dem angeblichen Übersinnlichen zeichnete den Menschen; es genügte, daß er daran glaubte, und schon ahnte er ein frühes Ende. Von Voodoo-Verhexten weiß man, daß ihre Körperfunktionen versagen können, weil sie sich verflucht glaubten.

Wie wir es aus Irland schon kennen, unterschied man in Südtirol auch dem Menschen wohlgesonnene und ihm übelwollende Geister. Das Kasermandl konnte auch recht freundlich sein. „Einmal ist es heimgekommen und hat gesehen, daß die zwei Kinder, die im Kasermandl-Häusele Unterschlupf gesucht hatten, schön aufgeräumt hatten. Es hat in der Frühe die Kinderle geweckt und ihnen das Schafele gegeben und einen Butterknollen und ein Laibl Brot." Beim Rückweg haben sie festgestellt, daß Brot und Butter nicht weniger wurden, und sie hatten genug davon bis an ihr Lebensende.

Das Motiv der guten und der bösen Geister im Bergland ist in der ganzen Welt verbreitet. Die Indios in Bolivien glaubten, daß in menschenleeren Gegenden der Huasa-Mallcu lebe, oder einfach nur der Huasa. Er soll ein weiß gekleideter Riese sein von primitivem Charakter, strengem Aussehen und hohen moralischen Maßstäben. Er lebt mönchisch, und manchmal verwandelt er sich in einen Kondor. Menschen tut er nichts. Der Böse ist der Anchanchu, ein dickbäuchiger Zwerg mit kahlem, übergroßem Kopf. Er spukt durch einsame Gemäuer, versinnbildlicht Gemeinheit und Unehrlichkeit, und manchmal entfesselt er zum Spaß Orkane und Windhosen. (80)

In einem nordamerikanischen Indianermythos wird der Ursprung der Berge Zwillingsgöttern zugeschrieben: Der eine war gut, der andere böse, und daraus erkläre es sich, daß es gute und böse Berge gebe. (81)

Ein Kasermandl will auch der Zimmermeister Johann Ferrari getroffen haben: in einer Hütte oberhalb von St. Vigil. Es machte ein Mus, das es mit seiner langen Nase anrührte, und lud den Zimmerer ein zum Mahl. „Ein alter Mann mit einem großen Bart war's." Der Zimmerer ißt mit, geht wieder hinaus – und hat das Glück, drei Birkhähne zu schießen. „Also ein Glück, hat er gesagt, hab ih mein Lebtag noch nie gehabt." (82)

Ein zorniges Kasermandl ist auch verbürgt. „Die Nörgele, die oben in den Almhütten sind, heißt man die Kasermandln", sagt die Sage an anderer Stelle als Erläuterung. Drei Handwerksburschen haben sich gar unziemlich benommen, haben mit Mus die Wände der Hütte auf der Unteralpe bestrichen, was dem Kasermandl nicht gefiel. Es rief: „Den ersten find ih, den zweiten schind ih, den dritten wirf ih übers Kaserdach hinaus." Das hat er dann auch gemacht. (83)

Das sind Motive aus dem Märchen: Der Gute wird belohnt, der Böse bestraft. Durch eine Figur, die überirdische Mächte verkörperte und daher ganz anders aussehen mußte als wir Menschen: Sie mußte also ganz klein sein. Mit den Außerirdischen, die heutzutage die Zwerge und Geister ersetzt haben, ist das ähnlich. Sie werden entweder als ganz klein oder ganz groß geschildert, und auch bei ihnen gibt es wohlwollende und gefährliche – solche, die Menschen entführen, wie es seinerzeit in Irland die Feen taten. Daß Menschen für ihren Übermut bestraft werden, erfahren wir nun.

Die Sennenpuppe

Im Laufe der Jahrhunderte ist eine wahre Großfamilie von Hausgeistern und Kobolden in den Alpen entstanden. Sie hießen Hansl, Heinz, Heinzel, Joggeli, Jockel und Kunz. Huonzel und Kuonzel war der Name eines Quälgeistes in Bühlerthann. Warum geht es immer um Kobolde, Zwerge, Heinzelmännchen und Däumlinge? Diese Figuren sind, wie es laut Gotthilf Isler schon in den indischen Upanishaden heißt, „kleiner als klein, aber größer als groß" (was ihre Macht betrifft). Carl Gustav Jung hat erläutert, es könne sich um eine Personifizierung des Phallus handeln, der für schöpferische und erotische Energie steht. Andere meinen, die Feen und Wichteln seien so klein, weil es früher eine kleinwüchsige Rasse Menschen gegeben habe. Wie auch immer: Diese „Wichtelen" sind kraftvolle Personen.

In Tirol wurde eine geschnitzte Puppe, die zum Leben erwacht, „Kasermannl" genannt. Dies ist ein häufiges Motiv im Alpenland, von Uri über das Aargau und Graubünden bis hinüber zum Salzburger Land: Almknechte verfertigen übermütig eine Puppe, füttern sie und treiben ihre Späße mit ihr; die Puppe wird lebendig und ihren Schöpfern zum Verhängnis. Triebkräfte für die Herstellung der Puppe sind – je nach Sage – Langeweile, Übermut, das unchristlich Verantwortungslose und sexuelle Begehrlichkeit.

Als Beispiel eine dieser „Sennenpuppensagen" – so der Überbegriff – aus Oberbayern. Gotthilf Isler hat sie 1971 zum erstenmal veröffentlicht:

„Zeit wars zur Heimfahrt, und darum wurde auf einer Alm noch zum Abschied eine große Pfanne voll Schmarren gekocht. Als alle genug gegessen hatten, plagte sie der Übermut, und sie boten unter frevelhaftem Reden einem aus Holz geschnitzten Kopf, der als Leuchter diente, an, indem der so geschnitzt war, daß man die brennenden Späne in das weit offene Maul des Kopfes steckte; die mit Schmarren gefüllten Löffel hielten sie ihm vor das Maul, und groß war die Gaudi, als der Kopf wirklich anfing zu essen von den fetten, goldgelben Dingen und aß, bis die Pfanne blank und der letzte Brocken verschwunden war."

„Aber jetzt erschraken sie, allen schien es, als ob der Kopf das Maul fürchterlich weit aufrisse, und jetzt begann er gar zu reden und verlangte noch mehr zu essen. Die zuvor Übermütigen konnten sich kaum mehr rühren vor Schreck, als sie der Kopf mit feurigen Augen ansah und drohte, daß er sie alle auffressen werde, wenn man ihm nicht mehr zu essen gebe."

„Alles ergriff die Flucht und rannte Hals über Kopf vom Berge hinab. Erst im Dorf, als sie erzählten, wich der Schreck, von vielen Leuten begleitet gingen sie wieder hinauf. In der Hütte war alles in Ordnung, der Leuchtkopf an seinem Platz und keine Spur von Leben in ihm. Alles glaubte, daß dieses zur Strafe für ihren Übermut geschehen sei, und wenn alte Leute zum mäßigen Genießen der Gaben Gottes sprechen, dann wird als Beitrag erzählt vom hölzernen Leuchtkopf." (84)

Diese Geschichte ging noch glimpflich ab. Isler schreibt: „Mit dem Übermut, der Langeweile, dem Verlangen nach der Frau sind die wichtigsten Stimmungen umschrieben, in denen der Gedanke aufkam, eine Puppe zu machen." Die Knechte gewahren voller Schrecken, daß die Puppe lebendig wird und sich nach eigenen Gesetzen verhält. Jung würde dazu sagen, sie hätten ihr eigenes Unbewußtes, ihren dunklen Trieb gestaltet und stünden voller Angst vor der Tatsache, daß dieser ein scheinbares Eigenleben führt.

Wenn die Geschichte im Spätherbst oder Winter spielt, tötet die Puppe die Frevler – Knechte, Holzknechte, Jäger – sofort oder in der folgenden Nacht. Am besten kommen die davon, die sogleich fliehen oder den Priester als Beistand holen.

Zur Sennenpuppensage zum Abschluß noch eine ausführliche Fassung aus dem Schweizer Kanton Uri:

„Golzer war vor alten Zeiten eine Alp. Im jetzigen Metzgerberg stand eine Hütte, und da walteten drei Alpknechte oder drei Brüder, ein Senn, ein Küher und ein Diener. Sie hatten wenig Arbeit, denn das Vieh brauchte auf der Weide fast gar nicht gehütet zu werden und wurde nie gestallt. Einst, da sie vor Übermut und vor Langerweile nicht mehr wußten, was anfangen, gingen sie hin, schnitzten aus einem Stück Holz einen rohen Kopf, kleidete denselben in Lumpen und stellten die so entstandene Figur hinter den Tisch. Sie hatten ihr Gespött mit diesem Toggel oder Tunsch (auch Tunggel genannt) und nannten ihn ‚Häuseli‘; mein Gewährsmann meint, das heiße Hanseli.“

„Wenn sie geschwungene Nidel aßen, fragten sie: ‚Häuseli, magsch äu?‘ und warfen ihm einen Schläck zu; wenn sie ihren Nidelreisbrei verzehrten, fragten sie wieder: ‚Häuseli, magsch äu ä Bitz?‘ und strichen ihm einen Chleippis unter die Nase und ums Maul. Nach und nach gaben sie ihm den Löffel in die Krallen und zeigten ihm, wie er dazu tun müsse, wenn er fressen wolle. Und bigoscht hindärä! der Toggel fing an zu fressen! Da erschraken sie zuerst, gewöhnten sich aber für und für daran und trieben wieder ihre Späße. Als sie einmal Karten spielten, fragte der Senn: ‚Häuseli, wettisch äu spilä?‘ und gab ihm die Karten in die Taapen. Zuerst mußte er nur die Karten halten und sein Partner schaute sie selber an und spielte sie aus. Nach und nach hielt aber der Tunsch die Karten fest und spielte selber. Das war ein Spaß! Von nun an spielte er jedesmal mit, und wer's mit ihm hatte, gewann immer.“

„Der Balg nährte sich gut und gedieh. Alle Sonntage mußten sie ihn auf den benachbarten Chrottäbiel an die Sonne hinübertragen, und er war so fett, daß alle drei Alpknechte miteinander ihn kaum zu tragen vermochten. Als sie in den Oberstafel fuhren, nahmen sie ihn mit und ebenso wieder, als sie im Herbst nach Golzer zurückkehrten. Am buntesten mit ihm trieb's halt doch der Senn.“

„Der Sommer war dahin; die Alptriften erbleichten, und der Winter hatte schon die ersten Vorposten auf die Bergspitzen gestellt. Da hieß es abfahren von der Alp. Als die Kühe zusammengetrieben waren und alles bereit stand, stellte sich auch Häusäli ein, aber nicht um einen rührenden Abschied zu feiern. Mit ernster und fester Geberde gebot der Toggel dem Senn, als dem Oberhaupt der Alm, zu bleiben, den andern erlaubte er, abzufahren, aber ja nicht zurückzuschauen, bis sie das Egg erreicht hätten. So geschah es, der Senn blieb, die anderen zogen mit dem Vieh ab, und als sie das Egg erreicht hatten, schauten sie zurück und sahen mit Zittern und Schrecken, wie der Toggel des Senns blutige Haut auf dem Hüttendach ausspreitete. Seitdem heißt der Ort Metzgerberg." (85)

Der Yeti und der Großfuß

Die Berggeister unseres Jahrhunderts sind der Großfuß (Bigfoot) und der Yeti. Es sind Wesen, deren Existenz noch durch kein Foto bewiesen ist. Nur Aussagen von Zeugen liegen uns vor. Wir glauben nicht mehr an Geister; dieser Glaube ist ersetzt worden durch den Glauben an Besucher aus dem All und daran, daß in entlegenen, unwirtlichen Gegenden unseres Erdballs eine menschenähnliche Rasse überlebt haben könnte. Wäre das wahr – es wäre eine ähnliche Sensation wie der Beweis der Existenz der Geisterwelt.

Der englische Bergsteiger Chris Bonington setzte, wie Anfang Dezember 1990 bekannt wurde, zehn Pfund darauf, daß er den Yeti finden werde. (86) Die geringe Summe spricht nicht für viel Zutrauen. Er führte eine drei Monate dauernde Expedition in den Himalaya auf den Spuren des Yeti, die 1988 in einem einstündigen Film der BBC Bristol dokumentiert wurde. Der Südtiroler Reinhold Messner ist seit 1984 hinter dem Yeti her und gab im Juli 1997 zu Protokoll: „Ich habe den Yeti gefunden. Wir standen uns Auge in Auge gegenüber." (87)

Edmund Hillary, 1953 erster Mensch auf dem Mount Everest, will Fußspuren des Yeti entdeckt haben, ebenso Lord John Hunt, Leiter der legendären siegreichen Expedition. Noch 1981 sagte Lord John: „Heute bin ich mehr denn je davon überzeugt, daß sehr vieles für die Existenz dieses Lebewesens spricht. Er ist eindeutig kein Bär. Er gleicht eher einem Affen, doch die Chinesen glauben, daß es eine primitive Menschenform sei." 25 Jahre vorher hatte er bekundet: „Ich habe seine Spuren gesehen, seinen schrillen Ruf gehört und den Augenzeugenberichten von vertrauenswürdigen Einheimischen gelauscht ..." (88)

Yeti ist ein Sammelbegriff für diverse Wildmenschen auf verschiedenen Kontinenten. Zum Ur-Yeti im Himalaja kommt der

„Alma" der Mongolei, der „Yeren" Chinas und der Chemosit Kenias. Gordon Creighton hat einmal 131 Namen in allen möglichen Dialekten aufgelistet: vom „Abominable Snowman", dem „abscheulichen Schneemenschen", wie ihn Briten 1920/1921 bezeichneten, bis hin zum Wilmoschin und zum Zhabayy Kishi. Das Vorkommen der 131 Yeti-Arten erstreckt sich auf der Landkarte auf einer gedehnten, viele tausend Kilometer langen S-Kurve: vom Gebiet östlich des Aralsees nach Tibet, nach Sibirien und über Alaska bis Südkalifornien. Noch eine Zahl: 50 Sichtungen aus dem Zeitraum von 1887 bis 1960 hat Ivan Sanderson, Yeti-Forscher und Autor, aufgeführt und anerkannt. Nicht ohne Humor gibt er zu, daß mancher in Büchern genannte Zeuge sich als ebenso unauffindbar erwiesen habe wie der Schneemensch. (89)

„Erste Fotos des Yeti: Eine Begegnung in Nordindien" nannte der Engländer Anthony B. Wooldridge seinen 1986 erschienen Bericht. Das Foto zeigt eine einem alten Mann ähnliche Erscheinung, die sich auf ihren Stock stützt. Einige Jahre später mußten Bildanalytiker aber zugeben, daß Wooldridge ein stationäres Objekt fotografiert hatte: einen hochragenden Felsen vermutlich. Ein fast überzeugendes Dokument ist der „Patterson-Film", der am 20. Oktober 1967 auf Farbe angeblich eine 2,10 Meter große und 160 Kilogramm schwere Sasquatch-Frau mit tief herabhängenden Brüsten zeigt.

Einer der ersten überlieferten Berichte stammt von einem Bayern: von dem bayerischen Landsknecht Hans Schiltberger aus Straubing. Vom Gebirgsmassiv Arbus berichtet er um 1430: „Die Bewohner sagen, daß jenseits der Berge eine Wüste beginnt, die am Ende der Welt liegt... In den Bergen selbst hausen wilde Menschen, die mit anderen menschlichen Wesen nichts gemein haben. Ein Fell bedeckt den ganzen Leib dieser Geschöpfe. Nur die Hand und das Gesicht sind von Haaren frei." (90) Schiltberger will solche Geschöpfe mit eigenen Augen gesehen haben.

Dreihundert Jahre später schrieb der schwedische Naturforscher Carl Linné (1707–1778) sein Buch über „Kreaturen, die dem Menschen ähneln". Der „Homo Troglodytes Linnaeus" zeichne sich durch seine fehlende Sprache, den behaarten Körper und die Fähigkeit aus, auf zwei wie auf vier Beinen laufen zu können.

1887 sah Lawrence Augustine Waddell, Major des Medizinischen Corps der britischen Indien-Armee, im Himalaya „eine Reihe Spuren, die eine Kreatur verursacht haben mußte, die auf zwei Beinen mit bloßen Füßen lief und weiter und weitergegangen war". 1921 befand sich der Oberstleutnant Sir C. K. Howard-Bury auf einer Höhe von 5 580 Metern in der Everest-Region, „als sie sahen und durch Ferngläser beobachteten, wie eine Anzahl dunkler Gestalten sich in einem Schneefeld oberhalb bewegte … sie fanden eine erkleckliche Anzahl großer Fußspuren, die, wie Howard-Bury später erklärte, dreimal so groß wie diejenigen gewöhnlicher Menschen waren".

1925 beschrieb A. M. Tombazi eine Begegnung: „Die Umrisse der Gestalt waren genau wie die eines menschlichen Wesens, es ging aufrecht und blieb gelegentlich stehen, um einige kleine Rhododendren auszureißen. Sie hob sich dunkel gegen den Schnee ab und war unbekleidet. In der nächsten Minute war sie in ein dichtes Gebüsch getaucht und blieb verschwunden. Ich untersuchte die Fußspuren, die der Form eines menschlichen Fußes glichen, aber nur 15 bis 18 Zentimeter lang waren." (91)

Ernst Schäfer, der in den dreißiger Jahren drei Expeditionen nach Tibet geleitet hat – etwa 1934/36 und 1938/39 – schrieb: „1934 bat mich General Liu Hsiang, der damalige Warlord der Provinz Szechuan, das Geheimnis des Yeti zu lüften und ihm ein Pärchen der langhaarigen ‚Schneemenschen' für seinen zoologischen Garten mitzubringen. Die Gelegenheit dazu hatte ich dann 1935 im für Menschen unbewohnbaren Innertibet, dem Quellgebiet des Yangtzekiang. Dort erlegte ich zahlreiche Yetis, und zwar in Gestalt der mächtigen Tibetbären." (92)

1951 fotografierte Eric Shipton riesige Fußspuren. Die Fotos gelten heute noch als authentisch. Die englische Presse riet aber doch zur Vorsicht: „Die enorme Größe der Abdrücke erklärt sich aber wahrscheinlich daher, daß sie im Morgengrauen bei aufsteigender Sonne und im weichen Schnee entstanden und dann bei der über Mittag einsetzenden Schneeschmelze stark gewachsen sind. Der Nachtfrost schließlich bannt sie in ihre endgültige Form, wodurch sie so aussehen, als hätten Riesen sie hinterlassen."

Der britische Bergsteiger Don Whillans hörte in den siebziger Jahren auf der Suche nach einem Lager eines Abends merkwürdige Schreie. Seine Sherpas belehrten ihn, daß sie von einem Yeti kämen. Whillans sah einen Augenblick lang eine dunkle Figur auf einem entfernten Grat, fand am nächsten Tag menschenähnliche Fußspuren und in der folgenden Nacht – bei Mondlicht – eine affenähnliche Figur, die an Baumzweigen zerrte. Zwanzig Minuten lang beobachtete er sie durch das Fernglas, bevor die Gestalt entschwand.

Ein äußerer Reiz wird mitunter – wenn man weiß, daß in jenen Bergen manchmal ein Schneemensch gesichtet wird – vom Menschen ergänzt zu einem Bild. Es ist nur natürlich, daß der Mensch in großer Höhe Illusionen zum Opfer fällt.

Einem „Hombres-mono", einem „Affenmenschen" gleicht das Wesen, das in den katalanischen Provinzen Lleida und Huesca in ziemlicher Nähe zu den Pyrenäen beobachtet wurde. Recht klein soll es sein, auffallend wirken die langen Beine und Arme, und die Haut schimmert rötlich und wie gegerbt, als habe das bedauerliche Ding keine Kleider an. Die Haartracht soll spärlich sein, und von Zeit zu Zeit stößt der „Hombre salvaje", der wilde Mensch, markerschütternde Schreie aus, die denen der Bergziege nahekommen. (93)

1958 wurde der Großfuß (Bigfoot) in den ganzen Vereinigten Staaten bekannt, als bei Willow Creek im Nordwesten Kaliforniens eine große Anzahl Spuren gefunden wurden. Das vorgebliche Jagdrevier des Großfuß oder „Sasquatch", als der er in Kanada bekannt wurde, sind die nordwestlichen Bundesstaaten Idaho, Oregon und Washington der USA und der nördliche Teil Kaliforniens. Hunderte von Sichtungen sind bekannt geworden. Ein Beispiel:

„Die zwei Frauen fuhren etwa um 22 Uhr von einer Einkaufspassage heim und bogen um eine Kurve, als sie eine Gestalt am Straßenrand kauern sahen. Sie verlangsamten das Tempo ihres Wagens, und das Wesen, von den Scheinwerfern angestrahlt, vollführte drei unentschlossene Bewegungen, bevor es sich zu ihrer ganzen Größe von 2,10 Metern aufrichtete. Es überquerte die Straße, und die Frauen sahen es deutlich. Die Kreatur war mit rötlich braunem Haar wie einer Matte bedeckt, hatte lange schlenkernde Arme, und schien ohne Hals zu sein. Die Zeuginnen waren beeindruckt von der Anmut ihres Gangs. Debbie sagt: ‚Es war die schönste, eleganteste Bewegung, die ich je gesehen habe.'" (94) So lautet eine Aussage in der Zeitschrift Bigfoot-Co-op.

Was ist dran an Bigfoot und Yeti? Die Antwort ist noch offen. Die Autorin Myra Shackley hat in ihrem Buch „Und sie leben doch" die möglichen Antworten für den Yeti aufgeschrieben: „1. Alles ist frei erfunden, und diese Lebewesen existieren nicht. 2. Die Lebewesen existieren wirklich und sind eine bislang unbekannte oder unklassifizierte Primatenform. 3. Es handelt sich um ‚Rückschläge' zu primitiven Typen, um ‚verwilderte' Menschen oder um Einsiedler beziehungsweise Geisteskranke, die in der Wildnis hausen." (95) Oder, kann man hinzufügen: Es ist ein Tier.

Mit einem juristischen Bild hat Bernard Heuvelmans das Vorgehen der Kryptozoologie beschrieben, die sich mit rätselhaften, umstrittenen Wesen befaßt: Ein unbekanntes Tier komme vor Gericht; der herkömmliche Zoologe übernehme den Part des Anklägers und fordere Beweise; der Kryptozoologe wirke als Verteidiger: ‚Meine Damen und Herren Geschworenen, Hohes Gericht: Nach den vorliegenden Beweisen hat das vor Gericht stehende Tier als existent zu gelten.' Die Aussagen sind zahlreich, aber nicht zwingend. Alles läßt seit hundert Jahren höchstens einen Indizienprozeß zu. Es wäre großartig, wenn einmal ein Exemplar eines Wildmenschen gefangen werden könnte. Solange das aber nicht geschehen ist, müssen wir die sagenhaften Wesen als die Berggeister unserer Zeit abbuchen. (96)

Zeichen und Deutungen

Der Mensch sieht einen riesenhaften Fußabdruck im Schnee und schließt daraus: der Yeti. Wir nehmen Zeichen wahr und deuten sie, wir denken uns eine Geschichte daraus oder stricken eine Legende um sie. „Legende" heißt auch, was unter den Karten steht: die Erklärung der Zeichen. In der Frühzeit und in alten Kulturen haben Weise und Priester aber nicht nur ungewöhnliche Zeichen gedeutet – sie haben ihr Zeichensystem selbst erfunden und Prophezeiungen ausgesprochen: je nachdem, wie die Knöchelchen fielen, wie der Vogel flog, wie die Leber eines Tieres aussah. Das Orakel wurde geworfen, um dem Herrscher sagen zu können, was er zu erwarten habe. Wir deuten alles, was uns begegnet und wir erst einmal nicht verstehen.

Es sind am Berg Spuren und Lichterscheinungen beobachtet worden; über seltsam geformte Felsen hat man sich gewundert und über Zeichen in Kreuzesform. In den Bergen, bedingt durch ihre Feindseligkeit und ihren Adel, meint man dem Übernatürlichen näher zu sein.

Das Kreuz

Das Zeichen des Kreuzes bürgt für Erschütterung. Es erinnert, nach der christlichen Tradition, an Martyrium, an Opfer, an Verhängnis. „Die ‚Chandelle', wo wir zu warten beginnen, wird zu unserem Kreuzweg", schreibt Pierre Mazeaud, als das Gewitter am Freney-Pfeiler beginnt. „Sieben Männer gehen ihrem Schicksal entgegen. Unser Kreuzweg." (97) Es kann nicht erstaunen, daß der Mensch manchmal andächtig schweigt, wenn ihm das Zeichen des Kreuzes entgegentritt.

Vier der sieben Bezwinger des Matterhorn (4478 m) stürzten am 14. Juli 1865 ab: Michel Croz, Douglas Hadow, Charles Hudson und Lord Francis Douglas. Durch das Seil aneinandergekettet, fielen alle vier nach einem Fehltritt in die Tiefe – gleich nach ihrem Triumph. Edward Whymper schrieb über seinen Schock: „So starben unsere Gefährten! Wohl eine halbe Stunde lang blieben wir an Ort und Stelle, ohne einen einzigen Schritt zu tun. Die beiden Führer, vom Schreck gelähmt, weinten wie Kinder und zitterten so, daß uns das Schicksal der Andern drohte." Die drei Überlebenden steigen schwankend ab.

„Um sechs Uhr Abends standen wir auf dem Schnee des nach Zermatt hinunterführenden Grats und hatten alle Gefahren überwunden. Häufig und immer vergebens spähten wir nach Spuren unserer unglücklichen Gefährten. Wir bogen uns über den Grat und riefen, aber kein Ton kam zurück. Endlich kamen wir zu der Überzeugung, daß sie außerhalb der Gesichts- und Hörweite seien, und stellten unsere nutzlosen Bemühungen ein. Zum Sprechen zu niedergeschlagen, nahmen wir stillschweigend unsere Sachen und die kleinen Effecten der Verschwundenen auf, um unseren Rückweg fortzusetzen.

Da zeigte sich ein mächtiger Regenbogen, der über dem Lyskamm hoch in die Luft aufstieg. Bleich, farblos und geräuschlos, aber mit Ausnahme der Stelle, wo die Wolken sich eindrängten, vollständig scharf und abgegrenzt, schien diese überirdische Erscheinung ein Bote aus einer anderen Welt zu sein. Wir erschraken fast, als zu beiden Seiten zwei ungeheure Kreuze hervortraten, deren allmälige Entwicklung wir mit Staunen beobachteten. Wenn die Taugwalders sie nicht zuerst gesehen hätten, so würde ich meinen Sinnen nicht getraut haben.

Sie glaubten, daß die Kreuze in einer gewissen Beziehung zu dem Unfall ständen, ich kam aber nach einiger Zeit zu der Ansicht, daß wir auf sie einwirkten. Unsere Bewegungen äußerten aber gar keinen Einfluß auf die Nebelformen, welche unverändert blieben. Es war ein furchtbarer und wunderbarer Anblick, den ich noch nie gehabt hatte und der in einem solchen Moment etwas Erschütterndes hatte." (98)

Whymper hat selbst das Ereignis als Stich verewigt, der un-

ser Titelbild ziert. Wie aus einer Fußnote seines Buches „Berg-
und Gletscherfahrten" hervorgeht, war ihm der Mechanismus
der Erscheinung wohlbekannt: „Ich beobachtete diese merkwürdige Erscheinung nicht genau und war froh, als sie verschwand, da sie unsere Aufmerksamkeit ablenkte. Unter ge-
wöhnlichen Umständen würde es mir später unangenehm gewesen sein, einen so seltenen und wunderbaren Vorgang nicht
genau studiert zu haben. Ich kann dem oben Gesagten nur sehr
wenig hinzufügen. Wir hatten die Sonne genau im Rücken,
doch der Nebelbogen lag der Sonne gegenüber. Die Zeit war
halb sieben Uhr abends. Die Formen hatten einen neutralen
Ton, waren zugleich zart und scharf, entwickelten sich allmälig
und verschwanden plötzlich. Die Nebel waren leicht und
zerstreuten sich im Laufe des Abends. Man hat gemeint, daß
die Kreuze im Titelbilde ungenau abgebildet und wahrscheinlich durch das Einschneiden anderer Kreise oder Ellipsen, wie
die beistehende Zeichnung sie darstellt, entstanden seien. Diese
Ansicht ist wahrscheinlich richtig, doch habe ich vorgezogen,
meiner Erinnerung zu folgen." So geht es oft: Ein aufgeklärter,
in Physik und Meteorologie beschlagener Mensch erlebt ein
erklärbares Phänomen, doch der erste Schreck, bedingt durch
die Begleitumstände, drängt ihm im ersten Moment eine „übersinnliche" Hypothese auf: Die Kreuze am Himmel mußten
wie ein Kommentar zu dem kurz vorher erfolgten Unglück
erscheinen.

Erschütterndes erlebten auch zwei Bergwanderer auf dem stei-
len Eisgrat der Hinteren Schwärze im Ötztal. Auf dem Weg in
Richtung Gipfel „klang es plötzlich metallisch gegen meine
Pickelspitze", erzählte Willi Wechs. Sein Kamerad und er ziehen an dem Pickel, bis jener ruft: „Du, da hängt ja oana dro!"
  „Zuerst fanden wir eine Hand mit Fäustling, dann, weiter
suchend, den erstarrten Körper eines Bergsteigers mit Rucksack, Seil und Steigeisen, in dem steilen Eishang auf dem
Rücken liegend. Mit einer Hand hing er oben in der verdrehten
Handschlinge des eingerammten Pickels, die andere war talwärts gerissen und hielt eine Schlinge des Sicherungsseiles,
das, zu einer Stange gefroren, in die unsichtbare Eiswand unter

uns hinabführte. Wie ein Gekreuzigter hing der Mann im Eis." In der Tiefe „hing ein zum Eisklotz gefrorener zweiter Mann frei an der Wand und wurde vom Winde kratzend hin und her gependelt."

Welche Tragödie hatte sich da abgespielt? Die beiden Männer waren an der linken Seite des Gipfelgrats talwärts marschiert. Der zweite Mann fiel durch Windstoß oder Wächtenbruch nach rechts über den Grat. Wechs erläuterte: „Der erste rammte sofort den Pickelschaft in den Firn, inzwischen hatte aber der Gestürzte auf dem Blankeis so schnelle Fahrt bekommen, daß das Seil die Beine des Sichernden aus dem Stand riß. Nun hielt zwar der Pickel als Sicherung, aber das Gewicht des über die Eisfläche fallenden Körpers riß dem Sichernden die linke Hand nach rückwärts und die rechte Hand löste sich vom Pickelschaft."

Aber sie blieb in der Handschlinge des Pickels hängen, und die Wucht des Sturzes traf den linken Arm und riß den Sichernden auf den Rücken. Der traurige Epilog: „Es ist mit Sicherheit anzunehmen, daß beide nach dem Unglück unverletzt waren und noch lebten. Aber keiner konnte sich bewegen, keiner konnte dem anderen helfen. So mußten sie bei vollem Bewußtsein und sicher nicht geringen Qualen in der Lage, in der wir sie fanden, warten, bis sie der Tod erlöste." (99)

Hier steht das Kreuz wirklich für ein Martyrium. Seppi Kurz aber dürfte nicht lang gelitten haben. Der Bergführer und Hüttenwirt am Schneibsteinhaus fuhr am 10. Februar 1951 mit den Skiern seinem Hausmädchen entgegen, das vom Königssee zur Hütte heraufsteigen wollte. Er band sich die Skier des Mädchens quer über den Rucksack und – so die Erzählung – „fuhr in dem leichten, ihm wohlvertrauten Almgelände arglos hinab, durch Nebel und feines Schneetreiben dem Hausmädchen entgegen."

Das Mädchen kommt am frühen Nachmittag an, ohne Seppi Kurz getroffen zu haben. Ein paar Skiläufer machen sich auf die Suche – und stoßen wenige Meter vom Haus entfernt auf einen kleinen Schneerutsch, der bloß vier Meter breit und sechs Meter lang ist. „Bald schon stießen die Männer, sie suchten ja nur in einer Miniaturlawine, auf etwas Festes: ein Ski – ein Bein kamen zum Vorschein. Wenig später war Seppi Kurz freigelegt. Er lag auf dem Rücken, den Kopf hangabwärts, die Arme weit ausgebreitet auf den am Rucksack befestigten Skiern, wie auf einen Kreuzbalken geheftet. Das Gesicht war ohne jeden Kratzer, nichts an dem Freund war entstellt – aber alle Wiederbelebungsversuche blieben erfolglos." (100)

Spuren

Spuren sind deutliche Zeichen. Spuren von Stiefeln oder Skiern im Schnee sagen uns, daß unlängst oder vor längerer Zeit, je nach deren Beschaffenheit, ein menschliches Wesen uns vorangegangen ist. Seltsam wäre die Spur eines nackten Fußes ungewöhnlicher Größe oder unbekannter Form; dann müßten wir auf ein Geschöpf schließen, das wir noch nie gesehen haben. Womöglich war es ein Wildmensch.

Manchmal enthüllt eine Spur in den Bergen auch ein alpines Drama wie in der wahren Episode „Die Spur in den Tod". Der Autor Rudolf Peters und sein Begleiter gehen am Südgrat des Eiger fasziniert den Spuren zweier unbekannter Kletterer nach. „Die Spannung wurde so groß, daß wir weder der malerischen Haufenwolke noch des Fernblicks achteten, nur die Spur vor uns interessierte uns noch, sie zog uns magisch in ihren Bann. Wie der Spieler gebannt dem Lauf der roten Kugel folgt, so verfolgten unsere Augen die rätselhafte Spur vor uns, die mit unglaublicher Kühnheit hinaufführte, hinauf, immer weiter, immer auf des Messers Schneide, auf dem höchsten Punkt des Grates. Dann kam ganz überraschend der Augenblick, auf den wir unbewußt schon lange gewartet." (101)

Die Spur bricht ab, ihre Urheber sind spurlos verschwunden. „Ein Blick in den mehr als tausend Meter tiefen Abgrund sagte, daß hier nichts mehr zu suchen, nichts mehr zu retten, daß unsere Suchaktion beendet war." In dieser weißen, trügerischen Welt der Gletschergrate führt manch eine Spur „in die Luft hinaus" – wie jene von Hermann Buhl, den an der 7456 Meter hohen Chogolisa ein Wächtenbruch mit in die Tiefe riß.

„Es ist alles aus!" schrieb später sein Begleiter Kurt Diemberger. „Schweigend steige ich noch etwas höher. Da! ... Seine letzten Schritte im Schnee (...) Dort ist die Stelle, wo wir umgekehrt sind, auf 7300 Meter. Deutlich sehe ich unsere Abstiegsspur über das weite Schneefeld darunter, sehe den ungeheuren Abbruch nach Norden. Immer weiter zieht dieser Abbruch herein, immer näher an die gerade abwärts verlaufende Spur. Und dort – jetzt wird mir alles schrecklich klar – hat Hermann bei einer leichten Biegung meine Spur verlassen, dort ging er geradeaus weiter, nur drei, vier Meter, auf den abbruchbereiten Wächtenrand zu, hinaus ins Leere." (102)

Diese Spuren sind flüchtig. Andere waren immer schon da: eigenartige Einbuchtungen im Boden, Erdlöcher und Wannen. Sie werden von der Volkssage als Spuren des Teufels und von Hexen gedeutet. Sie heißen dann „Teufelstritt" oder „Hexenloch", und meistens gibt es auch eine Geschichte dazu. Denn manche Spuren erinnern zu sehr an geplante Eingriffe in die Natur, um noch – so dachten die Vorfahren – natürlich erklärt werden zu können.

Der Waliser Bergsteiger Gordon Stainforth erinnert sich an zwei absolut perfekte Kreise im Gras, als er den Brandon Mountain im County Derry im Südwesten Irlands überschritt. „So genau ich auch schaute, ich konnte einfach nicht sehen, was sie bewirkt hatte. Ich fragte mich, ob es nicht Tiere bei einer Begattungszeremonie gewesen sein könnten, doch ich konnte nicht das kleinste Zeichen von Hufen oder Ähnlichem ausmachen. Kein Angelpunkt in der Mitte. Sehr, sehr komisch." (103)

Auf dem 2200 Meter hohen Adam's Peak rund 70 Kilometer östlich von Colombo auf Ceylon sollen sich nach muslimischem Glauben Adam und Eva niedergelassen haben. Der Berg wird von Hindus, Moslems, Christen und Buddhisten gleichermaßen verehrt. Eine Vertiefung in Form eines menschlichen Fußes halten Hindus für den Abdruck von Shivas Fuß, die Christen Südindiens für ein Zeichen des heiligen Thomas, die Buddhisten sehen einen Fußabdruck Buddhas und die Moslems Adams Fuß. Der Pilger besteigt Adam's Peak in einer Vollmondnacht und erwartet vor Mitternacht auf dem Gipfel den Aufgang der Sonne.

Christliche Bezüge sind häufig. Fußspuren Mariens zeigte man in Würzburg auf dem Käppele, man kennt Fußspuren der heiligen Gertrud, Ursula und Elisabeth von Thüringen. Daß Hexen und der Teufel Fußspuren hinterlassen, wurde stets geglaubt.

Felsen und Steine

In den Mythen von der Entstehung der Berge herrscht die Ansicht vor, sie könnten göttlichen Ursprungs sein, gebildet aus den Knochen einer Gottheit, eines Heroen oder eines Riesen. Wenn der Berg eine hervorstechende Form aufweist, ist solch eine Ansicht geradezu zwingend. So soll eine einäugige Hexe mit blauschwarzem Gesicht und Haaren wie frostklamme Zweige für die übereinander gestürzten Berge von Ross-Shire in Schottland verantwortlich sein: Ben Wyvis und Little Wyvis sollen sich aus Felsen gebildet haben, die der Hexe versehentlich aus der Schürze fielen, als sie die Wolken darüber durchsegelte.

Der „Lectulus Brunhilde" (kleines Bett) ist das Bett der schlafenden Walküre. Ein Stein in der Nähe der Straße von Perlin nach Welzin ist aus der Luft gefallen und hat eine ungetreue Braut im Hochzeitswagen zerschmettert. So lauten viele Geschichten. Außergewöhnlich große Felsen wurden nach dem Volksglauben von Riesen oder Hexen geschleudert.

Es gibt im schottischen Hochland viele Anekdoten über die Herkunft außergewöhnlich geformter Felsen. Zwei große, die einander gegenüber am Kyle von Durness liegen, werden mit zwei Hexen in Verbindung gebracht, die – natürlich ebenfalls einander gegenüber – an der Bucht lebten und immer darüber stritten, wer denn die Stärkere von beiden sei. Sie beschlossen, die Steine zu werfen, wenn Flut herrschte. Ein Stein landete ein paar Meter von der Westküste entfernt, der andere gleich ein paar hundert Meter vom Ostufer. Der Kampf war entschieden. (104)

Die drei Felsen des 1332 Meter hohen Dreisesselberges in der Nähe von Freyung im Bayerischen Wald sollen dorthin verbannte Jungfrauen sein. Ihr Vergehen: Sie sollen eine Stadt verwünscht haben, die daraufhin im Erdboden versank. „Dafür", so heißt es in einer niederbayerischen Sage, „wurden die Jungfrauen auf den Dreisesselberg verbannt, wo sie so lange sitzenbleiben mußten, bis die Felsen die Form von drei Sesseln bekamen". (105)

Steine, die Stühlen ähneln, laden dazu ein, sie mit übernatürlichen Wesen in Verbindung zu bringen. Felsen dieser Art ließen in Irland an die Banshee, die Todesverkünderin, denken: der Carraig na Baidhbe in Ballynaguilkee, „The Banshee's Chair" in Modeligo, Waterford, und ein Felsen gleichen Namens an der Corby Rock Mill in Monaghan sowie „The Bow Stone" in Patrickswell, Carlow.

Ein Ire erzählte: „Im tieferen Ballynaguilkee, an der Flußstraße zwischen Sráid an Mhuilinn und Mileann an Chorce, an der Straßenbiegung, sind zwei große Felsen aus Kalkstein, von denen einer auf dem anderen sitzt, und sie haben die Form eines Stuhls. Die Lage ist auf einer Anhöhe oberhalb der Straße. Man sagt, daß die Badhb (die Todesfee) gewöhnlich in der Form einer schönen Frau gesehen wird, mit langem goldenen Haar hinunter bis zu den Sohlen ihrer Füße, und sie sitzt auf diesem Stuhl und ordnet ihr Haar." Im County Waterford machte bis zum Anfang unseres Jahrhunderts eine Badhbh, Bo chaointe oder Bean Sighe (alles gälische Namen für die Banshee) immer kurz vor dem Tod eines Familienmitglieds in der Gemeinde ihre Aufwartung.

In einem Felsen an der Corby-Rock-Mühle ist ein viereckiger Sitz geschnitten, und bevor jemand in der Nachbarschaft stirbt, sitzt eine Banshee auf dem Stein und weint. Dies ist einer der vielen „Stühle" der Banshee: „The Banshee's Chair". (106)

Die bolivianischen Indios haben eine Vorliebe für Steine, die wie Tiere oder Menschen geformt sind. In der Nähe der Stadt Orura soll es einen Stein geben, der einer Kröte gleicht und an der Basis eine Höhle aufweist, die als Ursprung von Zauberkräften angesehen wird. Die Indios verehren den Stein, bedecken ihn mit Blumen und umgeben ihn mit Gaben von Wein und Schnaps. An der Höhle drücken sie sich vorbei, und wer auf mysteriöse Weise nicht mehr weitergehen kann, dessen Leben ist nach dem Indioglauben keine lange Dauer mehr beschieden. (107)

Menhire sind gewaltig große, hoch aufragende Steine, die in der Frühzeit verehrt wurden. Zu diesen natürlichen Objekten gesellen sich Zeugen aus Stein, die der Mensch als Altare oder gestaltende Elemente von Kultplätzen hinterlassen hat. Die Alpen sind reich an Megalithgräbern, Menhiren, megalithischen Kultbauten, Steinkreisen und Dolmen. Der Volkskundler Hans Haid zählt sie auf: ein Menhir am Similaun, zum Gipfel deutend; ein mächtiger Steinmann im Ortlergebiet; ein Menhir auf dem 1400 Meter hoch gelegenen Passo Mezzaluna; die „Stoanernen Manndeln" vom Auerjoch im Südtiroler Sarntal; den Steinkreis auf dem St.-Bernhard-Paß, bestehend aus 63 im Durchmesser von 72 Metern angeordneten Steinen, das älteste erhaltene Paßheiligtum der Alpen. (108)

In den westlichen Kordilleren der peruanischen Anden ist auf dem 5949 Meter hohen Gipfel des Nevado Sarasara eine Steinmauer gefunden worden, deren Front in südöstliche Richtung gestellt ist. In den bolivianischen Anden steht ein Steinaltar auf dem Cerro Bonete, 5658 Meter hoch, den auch in neueren Zeiten die Indios aufgesucht haben. In den argentinischen Anden ragen Statuetten aus Stein auf dem 6160 Meter hohen Cerro Quéhuar empor, und auf dem chilenischen Cerro de las Tórtolas fanden Forscher eine hohe Steinnadel. Diese machen die Indios, wie Evelio Echevarria meint, zu Vorläufern der modernen Alpinisten. (109)

Der Abenteurer Heinrich Harrer hat auf der Höhe des 4654 Meter hohen Cumbre-Passes Steinhaufen gesehen und hat von 1944 bis 1951 auf Dutzenden Himalaya-Pässen Steinansammlungen gefunden, die mit Tierschädeln, Federn und Gebetsfahnen bestückt waren. „Ich habe Pässe überschritten, auf denen Steinhaufen standen, die meterhoch waren. So wurde seit Jahrhunderten Stein für Stein von den Reisenden und Pilgern auf den Pass geschleppt und dort als Ausdruck des frommen Glaubens, als Zeichen der Bitte um Schutz und Segen und als

Opfergebärde an die Überirdischen, an Gott oder die Götter niedergelegt." (110)

Lichter in den Bergen und im Moor

In den Bergen herrschen manchmal ungewöhnliche atmosphärische Bedingungen. Aufladungen vor und bei Gewittern rufen seltsame Lichterscheinungen ins Leben. Früher gaben diese Lichter Anlaß zu Legenden und Sagen; seit fünfzig Jahren aber denken Beobachter bei Lichtern in der Nacht zuallererst an Unidentifizierte Flugobjekte (bei Tag beobachtete Objekte sind höchst selten). Bei nächtlichen Lichtern weiß man nie, ob es sich um Objekte handelt; will man sie aber als Raumschiffe mit Außerirdischen definieren, ist die Beweislage auch nach fünfzig Jahren noch dürftig.

Berühmtheit haben die „Marfa Lights" erlangt, grüngelbliche Lichterbälle von der Größe eines Basketballs, die südwestlich von den Chinati Mountains in Texas herumtanzen und -schweben. Seit 1883, als sie der Rancher Robert Ellison erspähte, sind sie häufig gesichtet worden. Der Tankwart Joe Skelton hat erzählt, sie reagierten auf die Menschen: Jedesmal, als er einen Freund habe anfunken wollen, seien sie verschwunden. Weiße Siedler schreiben die Lichter den Laternen einer Familie zu, die um 1850 in der Wildnis verschwand.

Auf dem Brown Mountain im Bundesstaat North Carolina sind bei schönem Wetter beeindruckende Lichter zu sehen, die selbst durch eine dicke Wolkendecke und Nebelschleier leuchten. Sie tauchen auf dem knapp 900 Meter hohen Berg auf und ähneln Spielzeugballonen von rosa-oranger oder rötlicher Farbe. Sie schweben bis zu fünfzehn Minuten lang, bevor sie sich in der Dunkelheit auflösen. Manchmal sind bis zu drei Feuerbälle gleichzeitig zu sehen. Zum erstenmal sollen sie um das Jahr 1850 beobachtet worden sein, und seit der Zeit schien es, als hätten sie zuweilen intelligentes Verhalten an den Tag gelegt: Beobachter konnten ihnen nicht nahekommen, die Lichter glitten davon. (111)

Unbekannten Lichtern scheint tatsächlich etwas Geisterhaftes und Unheimliches innezuwohnen, gegen das sogar Wissenschaftler nicht immun sind. Als Davis Sentman und Eugene Westcott von der Universität von Alaska in der Stratosphäre, in 20 Kilometer Höhe, im Gefolge von Wolke-Erde-Blitzen geheimnisvolle Lichter beobachteten, berichteten sie: „Sie sehen aus wie rote Geister, mit senkrecht stehenden Haaren und purpur-blauen Tentakeln am Rumpf, die nach unten greifen. Unabhängig davon schießen blaue Strahlen mit 100 Kilometern je Sekunde aufwärts in Richtung Ionosphäre." Allerdings begleiten sie anscheinend nur jeden hundertsten Blitz. (112)

Es konnte nicht ausbleiben, daß eine beeindruckende Lichterscheinung für Zeichen einer Gottheit gehalten wurde. Der Berg Omei in der chinesischen Provinz Setschuan beherbergt an seinen 3000 Höhenmetern siebzig Klöster, gewidmet dem Bodhisattva Samantabhadra. Der Mönch Sheng Ch'in schrieb über ihn:

„Das einmalige Wunder besteht darin, daß immer wenn sich Wind und Wolken plötzlich und auf wunderbare Weise verändern, unerwartet ein großer, runder, glänzender Kreis erscheint, der über den Bergen schwebt und sich von seltsamen Farben erfüllt in ganzer Pracht entfaltet. In diesem Augenblick leuchten die Gipfel, Abhänge, die Gräser und Bäume frisch und wunderbar. Wenn die Wolken und der Nebel bereits verschwunden sind, leuchtet diese Himmelserscheinung von selbst weiter. Gewiß handelt es sich dabei um das universelle Licht, ‚Buddhas Glorie', in dessen Mitte ein Kranz flaumiger Wolken erscheint." (113)

Sogar Goethe hat schon merkwürdige Lichter gesehen, wovon er in seiner Autobiographie „Dichtung und Wahrheit" erzählt; nur bleibt er bei der Bewertung zurückhaltend.

„Wir fuhren nämlich zwischen Hanau und Gelnhausen bei Nachtzeit eine Anhöhe hinauf, und wollten, ob es gleich finster war, doch lieber zu Fuße gehen, als uns der Gefahr und Beschwerlichkeit dieser Wegstrecke aussetzen. Auf einmal sah ich an der rechten Seite des Wegs, in einer Tiefe, eine Art von wundersam erleuchtetem Amphitheater. Es blinkten nämlich in einem trichterförmigen Raume unzählige Lichtchen stufenweise übereinander und leuchteten so lebhaft, daß das Auge davon geblendet wurde. Was aber den Blick noch mehr verwirrte, war, daß sie nicht etwa stillsaßen, sondern hin und wider hüpften, sowohl von oben nach unten, als umgekehrt und nach allen Seiten. Die meisten jedoch blieben ruhig und flimmerten fort.

Nur höchst ungern ließ ich mich von diesem Schauspiel abrufen, das ich genauer zu beobachten gewünscht hätte. Auf Befragen wollte der Postillion zwar von einer solchen Erscheinung nichts wissen, sagte aber, daß in der Nähe sich ein alter Steinbruch befinde, dessen mittlere Vertiefung mit Wasser angefüllt sei. Ob dieses nun ein Pandämonium von Irrlichtern oder eine Gesellschaft von leuchtenden Geschöpfen gewesen, will ich nicht entscheiden." (114)

Goethes vorsichtige Haltung zeugt von Aufgeklärtheit. Vermutlich hat er das elektrostatische Phänomen des Elmsfeuers miterlebt. Zu seiner Zeit – und noch bis in die heutige hinein – existierten viele Geschichten über Lichterscheinungen, die man früher „Irrlichter" nannte. „In die tiefsten Felsengründe/Lockte mich ein Irrlicht hin", singt der Wanderer in Wilhelm Müllers Text der „Winterreise" nach der von Franz Schubert 1827 komponierten Musik („Irrlicht").

Im Volksmund steht ein Licht, wie schon erwähnt, meist für die Seele eines Verstorbenen. Manchmal legt eine Koinzidenz diese Deutung nahe, und von der Hand zu weisen ist nicht, daß es sich um einen Fall des „Anmeldens" eines Sterbenden handelt, womöglich einen Fall von psychokinetischer Wirkung.

Es sind zahlreiche Fälle bezeugt, daß Uhren stehenblieben und Bilder von den Wänden fielen genau zu der Zeit, als ein Mensch, der dem Zeugen teuer war, verstarb. Der italienische Forscher Ernesto Bozzano hat viele Fälle von Spuk und Erscheinungen gesammelt, unter denen sich auch Lichterscheinungen finden.

Ein zehnjähriges Mädchen, dem Arzt W. T. O'Hara anvertraut, lag Anfang des Jahrhunderts, am Tropenfieber tödlich erkrankt, an Bord eines Schiffes der White Star Line. „Oh schau! Wie schön!" stammelte das Mädchen. O'Hara blickte auf, und:

„Ich sah, dicht unterhalb der Decke, genau über ihrem Kopf, einen unscharfen, nebligen, leuchtenden Ball, diffus wie ein fernes Licht und leuchtend in schwerem Nebel. Der Ball wuchs langsam, fast unmerkbar, bis er wie eine zitternde Sphäre von bläulich-weißem wogendem Licht oben hing. Es war am ehesten das Elmsfeuer, das sich an die Spitzen der Sparren in einem schweren elektrischen Sturm klammert, mit dem ich es vergleichen möchte." Das Mädchen hauchte sein Leben aus.

Wenig später trat der Kapitän ein und versammelte sich mit den anderen um den Leichnam. Er erzählte: „Da war ein Ball von blauem Feuer, genau wie das Elmsfeuer in einem Sturm, der genau über unseren Köpfen im Raucherzimmer erschien, und als wir ihn ansahen, glitt das Ding geradewegs durch den Raum zur Tür. Dort hing es eine Sekunde lang, änderte seine Richtung und verschwand. Als es fort war, sagte ich bloß: ‚Leute, unser kleines Mädchen ist tot!'" (115) Nach der Beschreibung kann dies nur ein Kugelblitz gewesen sein, dessen Auftreten die Szene „gespenstisch" werden ließ.

Eine Sage aus Südtirol erweitert unser Wissen über die Beschaffenheit des Irrlichts; die Erklärung, die der Erzähler sich gibt, erscheint erst im letzten Satz.

„Um Allerheiligen ziehen die Bauern die Ackerrüben, und da ist mein Vater und meine Mutter, die sind halt Rübenziehen gegangen. Und da hat ein anderer ihnen ein Roß geliehen. Jetzt ist halt völlig Nacht geworden, wie sie eingefahren sind, und da hat die Mutter alleweil gesagt zum Vater, schau, was ist denn da für ein Licht in der Mareiter Leiten drüben. Einmal ist es ganz klein gewesen, dann hat es wieder feichtenhoch (hoch wie eine Fichte) über sich gebrannt, und das ist allmal hin und her geflogen, um die Bildsäule beim Angerbauern, und da ist das Licht umgeflogen so schnell als ein Vogel geht, alleweil hin und her. Der Vater hat gesagt, geh laß doch einmal das Licht. (…) Das ist halt auch so ein Geist gewesen." (116)

Tanzende, hartnäckig auftretende Lichter stehen oft – wie die Geistererscheinung – für arme Seelen, die keine Ruhe finden. Wenn sie um Allerheiligen beobachtet werden, wenn der Toten gedacht wird, muß man sich nicht darüber wundern. Paul Friedl schildert die Lichter im Moor so: „Da tauchen nach Einbruch der Dunkelheit über den Moorwiesen seltsame Lichter auf, tanzen und taumeln über den Grund, laufen hinüber zum Waldrand, steigen hoch und verlöschen. Sie schlüpfen aus den Löchern, die die Kühe bei der Herbstweide in den feuchten und schwankenden Grund getreten haben, Flämmchen mit rotgelber Spitze und grünblauen Füßen, zuckend und züngelnd, wandernd und in der Nacht verschwindend. Die Waldleute kennen diese Erscheinung in den Novembernächten und sahen lange in dem fluoreszierenden Sumpfgas die unruhigen Seelen der Toten, die, unerlöst an die irdische Heimat ihres Daseins gebunden, keinen Frieden finden." (117)

Um 1880 haben das auch Schweizer Bergbewohner geglaubt, wie der englische Bergsteiger Albert Frederick Mummery erfahren hat. Der mächtige Furggengrat am Matterhorn war für ihn und seine Leute das Ziel. Nach dem mittäglichen Frühstück gingen sie in einer ersten Etappe bis zum ebenen sumpfigen Grund des Schwarzensees.

„Ein paar Minuten später waren wir von dem spukhaften, unirdischen Flimmern einer ungezählte Menge von Irrlichtern umgeben. Bei jedem Schritt entwichen sie nach beiden Seiten, aber kaum waren wir vorüber, schlossen sie hinter uns wieder ihren Reigen, krochen stetig hinter uns her, hefteten sich an unsere Fersen und mit einer Ausdauer, die jeden Gedanken an ein Entkommen ausschloß.

Die beiden Männer waren schreckensstarr. Burgener packte mich am Arm und flüsterte heiser – ‚Sehen Sie, Herr, die toten Leute!'

Wir waren der Rache der Unsterblichen preisgegeben! Die bösen Geister, die in den Zinnen des Matterhorns hausten, lauerten schon auf ihre Beute. Dies war der Sinn, den ich den schreckensbleichen Gesichtern der beiden ablesen konnte. Ich muß gestehen, daß auch mich die ungeheure Stille, die kriechenden, bläulichen Flammen und eine gewisse Ansteckung durch die abergläubische Furcht meiner beiden Genossen mit einem natürlichen Grauen erfüllte. Aber wenn wir nicht ein zweites Mal geschlagen und enttäuscht nach Zermatt zurück-wollten, mußte ich alle Freuden dieses Geisterglaubens mit einer sachgemäßen Erklärung zu bannen suchen."

Damit war die Gefahr nicht ausgestanden – „da kam noch was". Der Bergführer sagt: „‚Ach, lieber Herr, haben Sie nicht das wandernde Licht am Gornergletscher gesehen? Dort ist doch einmal sicher kein sumpfiger Boden. Das war ein Geist!' Umsonst beteuerte ich, daß es eine Laterne gewesen wäre. ‚Eine Laterne! Was hätte die dort wollen? Kein Weg geht dort; nebenbei kam sie doch nicht daher wie eine Laterne, sondern flackerte hin und her, aus und ein, wie's eben nur ein Geist ohne Ziel und Zweck tun kann.'" In diesem Falle waren es tatsächlich Laternen, und eine trug Peter Taugwalder. (118)

Manche Episoden wirken dennoch rätselhaft. Zu Beginn wurde bereits der Traum von Vera Watson am Annapurna geschildert. Nachdem sie und Alison Chadwick vermißt waren und das übrige Team in höchster Sorge sich zum Schlafen legte, wurden sie durch einen Schrei alarmiert:

„‚Lichter. Lichter! Wir sehen Lichter! Memsahibs kommen herunter nach Lager IV!' Es war neun Uhr abends, und wir hat-ten Vollmond. Ohne uns mit dem Anziehen aufzuhalten, rann-ten wir in die frostkalte Nacht hinaus und suchten die Hänge ab. Keiner konnte irgendwelche Lichter sehen. Die Sherpas wiederholten, daß sie Lichter gesehen hatten, die nach Lager IV abstiegen, und das konnten nur Vera und Alison sein. Der Gedanke, daß sie in der Dunkelheit hinunterkommen würden, machte wenig Sinn, doch daran dachten wir zu der Zeit nicht. Wir wollten so verzweifelt daran glauben, daß sie es waren, daß wir uns irgendwie selbst überredeten, die Lichter wären real." (119) Arlene Blum schiebt am nächsten Morgen die Lichter auf „Reflexionen des Vollmondes".

Man muß das nicht spiritistisch deuten – dazu müßte man wissen, ob die Sherpas wie andere Lichter als Geisterscheinun-gen kennen; mag sein, daß ihre Erwartung sie Lichter sehen ließ. Doch anscheinend haben mehrere sie gesehen, was die Sache interessant macht.

Auch gestandene Bergsteiger unseres Jahrhunderts wie der berühmte Bergretter Ludwig Gramminger taten sich schon schwer mit Phänomenen, diesmal mit einem elektrischer Natur. Mit einem Kameraden lagerte er neben dem Gipfelkreuz der Ellmauer Halt. „Da, während wir dieser stillen Sternstunde genießen und schweigend ins Glück greifen, höre ich plötzlich ein merkwürdiges Summen und Brummen: ‚Du‘, sag ich zu meinem Spezi, ‚da san ja Wespen im Kreuz drin! ...‘ Denn das Summen scheint mir ja aus dem mit Blech verkleideten Gipfelkreuz zu kommen. ‚Pfeilgrad‘, meint er dann, ‚da san Wespen drin – oder Hummeln?‘

Wir horchen, und fast lachen wir, denn das Gebrumme scheint uns recht komisch (...) Ich drücke mein Ohr ans Kreuz und schaue währenddem auf meinen Spezi, da seh ich plötzlich, wie seine langen weißblonden Haare kerzengerad in die Höhe stehen, ich schrei auf, möcht aber am liebsten lachen um des lustigen Anblickes willen, aber da deutete er auf das Kreuz hinauf, und wir sehen beide die Flämmchen des Elmsfeuers springen – und wissen genug (...) Ein schweres Gewitter ist im Anzug.“ (120)

Oft hat wohl auch ein Irrlicht (welcher Herkunft auch immer) den Wanderer auf eine falsche Fährte geführt, und wenn er umkam, konnte die Deutung natürlich auch die eines bösen Geistes sein. Im Bayerischen Wald spielte in Friedls Sammlung ein Licht bei der Aufklärung eines Kriminalfalls eine Rolle.

„Bei der weissen Marter, direkt bei der Kapellen dort, ist einmal einer erstochen worden. Gehabt haben sie es auf einen Knecht, dem der Erstochene das Mensch (die Frau, d. Verf.) ausgespannt hatte. Weil der Knecht einmal gesagt hat: den bring ich noch um, und weil einer gesagt hat, er hätte den Knecht um dieselbige Zeit, wie es passiert ist, bei der weißen Marter gesehen, haben sie ihm in Straubing zehn Jahre hinaufgehaut, trotzdem er geschworen hat, daß er es nicht gewesen ist. Nach einem Jahr ist der arme Teufel in Straubing gestorben, und von da an ist bei der weißen Marter alleweil ein Licht gesehen worden. Der arme Teufel hat keine Ruhe, haben die Leute gesagt, der geht so lange um, bis der richtige Mörder gefunden ist. Das ist fünfzehn Jahre so fortgegangen mit diesem Licht, bis einmal ein Bauernsohn elendig an einer unbekannten Krankheit zugrundegegangen ist und auf seinem Sterbebett gestanden hat, daß er den Mann seinerzeit erstochen hat. Jetzt ist die arme Seele von dem Knecht erlöst gewesen, und von diesem Lichtl hat man nichts mehr gesehen." (121)

Man sieht auch anhand einer Geschichte aus dem Wallis, daß Geist und Licht gleichgesetzt werden. In Kürze geht die Erzählung vom „Geist der Bachalp" so: „Dem Hirten der Bachalp lief immer ein Rind fort. Da riß er von einem Baum die Rinde weg und streute sie hin, damit das Rind nicht über den Weg hinauslaufe. Aber da glitschte das Rind aus und fiel zu Tode. Als der Hirte gestorben war, hörte man auf der Bachalp von Zeit zu Zeit ein Jammern und Wehklagen, und man sah ein Lichtlein bis auf Horn hinauffahren." In einer Abwandlung hat der Hirte das Rind absichtlich abstürzen lassen. „Als der Hirt gestorben war, habe man oft ein Licht dort heraufkommen sehen, habe es stöhnen gehört und dann wieder hinunterfallen sehen. Das ist vor langer Zeit gewesen, jetzt sieht man nichts mehr." (122)

Bei Lichtern in den Bergen handelt es sich in den meisten Fällen um das sogenannte Elmsfeuer. Es hat auch andere Deutungen erfahren: „Am Berg, Kreidl genannt, sahen die Leut oft blaue Lichtlein, auch dort war der Zusammenkunftsort der Hexen." (123) In Irland, wo nach einem Satz von William Butler Yeats „diese Welt und die Welt, in die wir nach dem Tode gehen", nicht weit auseinanderlägen, kennt man als Abwandlung die Totenkerze. Sie wirkt wie ein Flecken hellen Lichts, und erhellt einen dunklen Raum, als sei es Tag. M. Percival aus Carmarthen weiß zu berichten: „Die Kerze ist nicht eine Flamme, sondern eine leuchtende Masse von hellblauer Farbe, die tanzt, als würde sie eine unsichtbare Hand lenken, und manchmal schwankt sie hin und her. Wenn du zu dem Licht hingehst, ist da nichts mehr, denn es ist ein Geist." (124)

Dieser letzte Satz beschreibt schön das, was andere Beobachter das „scheinbar intelligente Verhalten" der Lichter bezeichnet haben. Wenn man versucht, sich ihnen zu nähern, weichen sie aus. Das mag physikalische Ursachen haben. Die Totenkerze, (Corpse Candle) wird in Carmarthen „Canwyll gorff" genannt. Sie kündigt einen Totenzug oder einen Todesfall an. In einer Geschichte, die Macdonald Robertson überlieferte, verbrachte eine Gruppe Schulkinder vor einiger Zeit ihre Weihnachtsferien in Strathpeffer. Einige Jungen sagten einer alten Frau, sie wollten auf dem Loch (See) Kinellan herumrutschen. Die Frau protestierte mit den Worten: „Letzte Nacht habe ich die Lichter auf dem See gesehen, die seit der Zeit meiner verstorbenen Eltern ein sicheres Zeichen für ein Unglück sind. Geht in keinem Fall auf das Eis, denn jedesmal, wenn ich die Lichter auf dem See sehe, sagen sie, daß jemand in der Pfarrei ertrinkt." Sie machten es trotzdem, und wegen des Tauwetters in der Nacht zuvor ertranken drei Jungen.

Und zum Abschluß noch ein derartiger Bericht aus Schottland: Die „Totenlichter" kamen in einer kalten Novembernacht von einem einsamen Gehöft den Berg herab. Der Bauer und seine drei Töchter sahen auf ihrem Hof in Dunie bei Kirkmichael deutlich, wie sich die beiden Lichter, die Laternen mit Kerzen glichen, den engen Pfad in Richtung der Hauptstraße nach Blairgowrie hinabwanden. Plötzlich waren die Lichter verschwunden. „Der Bauer und seine Töchter hielten die Geschichte für ziemlich merkwürdig, dachten aber nicht weiter darüber nach, als etwa zwei Wochen später zwei Kinder im selben Hof Diphtherie bekamen und starben. Denselben ziemlich rauhen Zickzack-Pfad wurden die Särge, die die Leichname enthielten, zum Friedhof von Kirkmichael hinuntergetragen." (125)

Auch hier wird ein Phänomen erst hinterher als übersinnlich interpretiert. Die Deutung ungewöhnlicher Lichterscheinungen in unseren Tagen richtet sich spontan auf unbekannte Flugobjekte, über die weitaus häufiger geschrieben wird als über Geister. Bei der folgenden Beobachtung dürfte es sich um ein natürliches Phänomen handeln, doch der letzte Satz des Zeugen spricht Bände ... Schauplatz: Ehrenwalder Alm, Wettersteinhütte, 27. Mai 1978. „Zehn Bergsteiger beobachteten gegen 23.20 Uhr vom Fenster aus in Richtung Wettersteinwand zwei zitronengelbe Lichtkugeln, die sich langsam eine Minute lang an der Steilwand nach unten bewegten und dann zwei Minuten lang in der Luft schwebten. Sie waren 3–4mal so groß wie der Vollmond bzw. 4–10 Meter groß. Die linke Kugel erlosch plötzlich. Das andere Licht schwebte drei Minuten weiter abwärts, machte plötzlich kehrt und schwebte wieder aufwärts. Nach weiteren vier Minuten war es plötzlich verschwunden. Einige Minuten später erschien wieder eine Kugel, etwas oberhalb der Stelle, wo die andere verschwunden war. Sie leuchtete in einer grün-blauen Farbe und sank langsam tiefer und erlosch nach einigen Minuten. Die zehn Bergsteiger trugen ihre Sichtung ins Hüttenbuch ein. Einer der Zeugen schrieb: ‚Ich kann mir die Erscheinung nicht erklären – das Licht war gleichmäßig. Von UFOs habe ich schon gehört – aber ich glaube nicht daran.'" (126)

Wir scheinen aber in der Tat eher an außerirdische Intelligenzen zu glauben als an das Weiterleben der Toten oder das Sich-Anmelden Sterbender. Von den Bergen werden äußerst selten UFOs gemeldet, bei denen man gleich stillschweigend – und irrigerweise – die Erklärung „Raumschiffe von fremden Sternen" annimmt. UFO steht für unidentizierte Flugobjekte, für nichts anderes. Zu 95 Prozent sind die Beobachtungen Fehldeutungen von Reklameflugzeugen, Meteoren, Lasershows und hellen Planeten wie der Venus, was der amerikanische Astronom Allan Hendry gezeigt hat. (127) Die restlichen fünf Prozent könnten bei genauer Untersuchung gewiß ebenfalls geklärt werden. Spiritistische Deutungen (Geister) und die UFO-Hypothese sind metaphysische Zuschreibungen; anders verhält es sich mit Illusionen, die ich jetzt behandeln will.

Illusionen

Ich habe Erlebnisse vorgestellt, die paranormal wirken, Deutungen durch die Volkssage und durch die Religion. Zum Schluß dieses Kapitels eine weitere Form, wie wir mit Zeichen umgehen: Wir können sie falsch deuten. Wir sehen sie, aber denken uns ein Wunschbild hinein, das zu unserem seelischen Zustand und der Umgebung paßt. Unsere Fehlinterpretation ist verständlich. Doch handelt es sich dann um eine Illusion, nicht aber um eine Halluzination, die ja etwas vorspiegelt, das nicht da ist. Die berühmteste Form der Illusion ist die Fata Morgana, die Wasser vorgaukelt, aber nur eine dreifache Luftspiegelung ist. Auf dem Meer wäre eine Fata Morgana witzlos und hätte nie solche Berühmtheit erlangt. Immer wenn wir beobachten, konstruieren wir auch. Und manchmal täuschen wir uns.

Alle Sinneswahrnehmungen können Irrtümern unterliegen; doch Illusionen werden als innere Deutung, die den Menschen zu überzeugen vermag, solange für wahr gehalten, solange ihre Abweichung vom wahren Sachverhalt nicht klar vor Augen steht und man sich nicht länger der Illusion hingeben kann.

Ein Beispiel dafür liefert Gordon Stainsforth, der mit seinem Bruder einen Berg in Norwegen absteigt, verletzt und erschöpft: „Am Ende dieses sich senkenden Tals standen da diese beiden Burschen, und mein Bruder und ich hatten eine vollkommen vernünftige Unterhaltung: ‚Gott sei Dank, diese Leute sind gekommen, um uns zu retten.' Aber sie standen bloß da. Als wir hinüberriefen, starrten sie nur. Dann sagte ich: ‚Da ist Feuer', weil etwas wie Rauch zwischen ihnen war. Dann sagte John: ‚Nein, sie halten ein Netz.' Als wir näherkamen, wurde es seltsamer und seltsamer.'" Als die Brüder ganz nahe waren, erkannten sie, daß, was sie für ihre Retter gehalten hatten, in Wirklichkeit nur ein aufragender Felsen war. Es war für sie wie „ein Hieb mit dem Vorschlaghammer ins Gesicht". (128)

An einem Dezembermittag fuhr ich mit dem Auto in Südbaden durch das Hexental in Richtung Staufen. Ich sah weit oben am Himmel Schnee und dunkle Stellen und dachte mir dabei: ‚So viel hat es da oben schon geschneit!' Nur konnte an dieser Stelle kein Berg sein, aber das merkte ich erst, als die Wolken sich bewegten. Es war nur ein Wolkenspiel. Doch ich hatte Schnee für möglich gehalten.

Wie sehr unsere Herkunft und die Situation eine Illusion begünstigen, zeigt ein weiteres hübsches Beispiel mit Wolken. Ich, gebürtiger Münchner, erzählte Joop Houtkooper, einem niederländischen Kollegen, ich hätte in meiner Zeit in Hamburg oft an der Alster gesessen und mich selbst dazu überredet, daß die Wolken Berge seien und ich an einem Schweizer See säße. Er, im Flachland aufgewachsen, lachte und entgegnete, als er in Genf gearbeitet habe, habe er oft auf die Berge geschaut und sie spontan für ein Wolkenspiel gehalten.

Wir halten Wasserhydranten für wartende Passanten, den eigenen Schal für einen Radfahrer, der uns überholen will, und Efeu für ein Tier, das über eine Mauer kriecht. Karl Jaspers klassifizierte schon 1913 solche „Vermenschlichungen" – wenn man Tierköpfe oder Menschenköpfe sieht – als „Paneidolien". In der Volkssage begegnet uns das oft: Felsen, Steine oder Berge wurden für Götter, Dämonen oder Hexen gehalten; die Illusion war so deutlich, daß sie Gemeingut wurde. Die Menschen projizieren ihre „Doppelgänger-Phantome" überallhin.

In den Bergen können Illusionen tödlich sein. Der Bergführer Ludwig Gramminger erzählte, wie er einem Kameraden das Leben retten konnte. Auf einer Bergtour am Grubenkarpfeiler „geschah das Merkwürdige, um dessentwillen ich mich jener Bergungsfahrt lebenslang erinnern werde … Es war schon sehr dämmerig und der Fels da, wo er Absätze bildete, dick überschneit. Wir hatten die vereisten Seile abgezogen und aufgenommen und wollten eben gemeinsam weiter absteigen, da rief mir ein junger Kamerad zu, einer, der es besonders eilig hatte vor Hunger, Kälte, Nässe und Erschöpfung: ‚Du', rief der auf einmal, ‚ich spring gleich da hinunter auf das Bandl!' Ich traute meinen Ohren nicht und fragte, auf ihn zukommend, noch einmal, was er wolle. Er verwies im Nebel auf ein linker Hand sichtbar gewordenes, tief unten liegendes Geröllband, das, ebenfalls überschneit, unwirklich bleich zu uns herabschimmerte. Da packte ich ihn aber gleich und schrie, ob er denn narrisch sei, da ginge es doch mindestens vierzig Meter hinunter! ‚Geh, du spinnst ja!' kam als Antwort zurück. Ich machte dem Kameraden noch einmal klar, daß er einer Täuschung anheimgefallen sei und daß der Abbruch bis ins Kar hinabreiche, er wollte mir aber nicht glauben, und erst, als ich ihm riet, doch erst mal sein Seil hinabzuwerfen, da erst wurde er mißtrauisch und warf das Seil hinab. Nun erst, da es viele Sekunden dauerte, bis wir den dumpfen Aufschlag vernahmen, erschrak mein Kamerad und erkannte, wie gefährlich er sich im Zwielicht getäuscht hatte." (129)

Visuelle Illusionen sind leicht nachzuweisen. Anders verhält es sich mit Illusionen, die man sich macht, weil sie sich meist auf ein ganzes Gedankensystem stützen. Auch Fehler und Versäumnisse gründen auf Illusionen, auf die Verkennung einer Situation. In den Bergen kann solches aber folgenschwer sein.

Verstörende Signale: Spuk

Ganz selten kommt es vor, daß man sich Zeichen gegenübersieht, die man spontan nicht entschlüsseln kann. Sie sind zu fremdartig, zu kraß, zu „verrückt". Steine beginnen zu fallen, Schritte sind zu hören, obwohl niemand da ist; und eine Geschichte, die von einem Geist in diesem Gemäuer berichtet, gibt es anscheinend nicht. Es spukt also, was auch in den Bergen vorkommt, und wer macht das? Die herkömmliche Vorstellung lautet: Ein Verstorbener geht um, ein Verbrecher muß seine Tat büßen.

Wieder die Schritte

Man hört oft Schritte in den Bergen. Auf dem Gipfel oder beim Abstieg könnten einen natürliche Phänomene narren, oder es könnte sich um durch die Einsamkeit hervorgerufene Halluzinationen handeln. Die Schritte auf dem Ben Macdhui sind zu einem Berggeist umgedeutet worden. Eine andere Erklärung wäre körperliches Unwohlsein wie im folgenden Fall.

Bernhard Biner (1900–1965), Ehrenpräsident des Skiclubs Zermatt, hat dem Volkskundler Friedrich August Volmar erzählt, daß er eines Tages den geheimnisvollen Geschichten von Hilferufen von der Monte-Rosa-Hütte nachgehen wollte. Er verbrachte dort drei Nächte, aber durch intensives Sonnenbaden stellten sich bald Fieber und erhöhter Puls bei ihm ein. „Und nun erlebte er, immer noch einsam in der Hütte weilend, eine Fieber- und Geisternacht, der es nicht an mannigfaltigen Geräuschen mangelte: Pickelgeklirr, schwere Bergschuhschritte, Gespräche in verschiedenen Idiomen, Klappern von Koch- und Eßgeschirr ... und dann auch die schrecklichen

Hilferufe ... Anderntags wieder erholt, stieg er munter zu Tal – und er glaubte gewiß sein zu dürfen, nolens volens ein lehrreiches Experiment erlebt zu haben, das seine Auffassung vom Wesen gewisser ‚Phänomene‘ vollauf bestätigte." (130)

Natürlich erlebt man im Fieberwahn chaotische Träume, aber die geschilderten Trugwahrnehmungen hatten wohl stark mit dem Hüttenleben – besonders dieser Hütte? – zu tun. Biner hätte sich vielleicht nicht so sicher sein sollen, daß alles Hirngespinste waren. Ähnlich erging es 1895 Joshua Slocum, dem ersten Weltumsegler, der zuviel Käse und Pflaumen gegessen hatte und sich vor Schmerzen krümmte. Im Fieberwahn sah er plötzlich die Gestalt des Steuermanns des Kolumbus-Schiffes „Pinta" vor sich und sprach mit ihr. (131)

Auch die nächste Episode spielt in einer Skihütte. Ulrich Kamm erwähnt ein „Nachtgespenst in Skistiefeln" auf dem Falkenstein. Durch das Johannistal ging eine Gruppe ohne Lampen zur erwähnten Falkenhütte, „als ich plötzlich auf eine frische Skispur stieß, welche unseren Weg kreuzte ... Aha, dachten wir – es ist also schon jemand da." Irrtum: Der Winterraum war bis ans Dach verschneit. Über eine Leiter gelangten die Wanderer ins Wohnzimmer. „Gerade begannen wir mit dem Essen, als wir auf dem Dachboden über uns schwere Schritte hörten – Schritte von Skistiefeln. Nun kommt er also, meinten wir und dachten dabei an die seltsame Skispur, welche wir gesehen hatten. Doch es kam niemand. Es wurde wieder ganz still. Nur das Feuer knisterte. Doch da war es wieder: Schritte, die über unseren Köpfen hin- und hergingen."

Der Erzähler stieg in den Raum über ihnen. Doch da war niemand. Wieder unten angelangt, waren wieder die Schritte zu hören. Wieder blieb die Suche – diesmal zu dritt – erfolglos. „Leicht schockiert darüber, daß es für diese eigenartige Erscheinung keine natürliche Erklärung gab, brachen wir unsere Suche ab. Eigenartigerweise war es von nun an ruhig." Nach Mitternacht meldeten sich die Schritte in Skistiefeln wieder. „Sollte er ruhig weiterspuken ... Er, der Geist der Falkenhütte", beendet der Berichterstatter seine Geschichte. (132)

Bei diesen Schritten handelt es sich – wenn es nicht ein

cleverer Scherzbold war – wohl um „Mimicri"-Geräusche, um „nachäffende" Geräusche, die nicht real sind. Es gibt sie in vielen Varianten: als das Zuschlagen von Fässern, Vernageln eines Sarges, Graben eines Grabes, Verrücken von Möbeln; schon der Philosoph Arthur Schopenhauer (1788–1860) hat sie erwähnt. Dafür eine Erklärung zu finden, fällt schwer. Fanny Moser, die Schweizer Spukforscherin, beschäftigte sich jahrzehntelang mit Spuk und folgerte, es sprächen „eine Reihe schwerwiegender Argumente für die Subjektivität jener Geräusche", es seien wohl Halluzinationen. Die Kategorien „objektiv" und „subjektiv" seien in diesen Fällen nicht streng anzuwenden. Heutige Fachleute und Berater wie Volker Schuhmacher aus Freiburg sprechen von „passageren (vorübergehenden) Pseudohalluzinationen", verwenden dabei aber weiterhin die Klassen „ortsgebundener" und „personengebundener" Spuk.

Dennoch würde der Autor des „Nachtgespenstes" in Abrede stellen, daß er sich getäuscht habe. Auch Dougal Haston, der 1975 an der Everest-Expedition teilnahm, würde sich gegen eine solche Unterstellung verwahren. Er erwähnte in seiner Autobiographie ein Erlebnis mit geheimnisvollen Schritten, deren Schauplatz wiederum eine Hütte war.

„Bei einer Klettertour in den Alpen verbrachten er und sein Gefährte die Nacht in einer verlassenen Berghütte. So gegen 2 Uhr morgens wurde er durch Geräusche aus dem Schlaf gerissen. Im Raum über ihnen hörte er Schritte, die dann die Treppe herunterkamen. Die Türklinke wurde gerüttelt, doch die Tür nicht geöffnet. Als nächstes hörte er die Schritte wieder die Treppe hinaufgehen, dann war alles ruhig. Am nächsten Morgen sprach er nicht darüber, doch sein Begleiter meinte, er habe die Geräusche auch gehört; da wußte Haston, daß er nicht geträumt hatte. Gemeinsam durchsuchten sie die Hütte, fanden aber nichts. Wegen schlechten Wetters mußten sie noch eine zweite Nacht in der Hütte verbringen, und um 2 Uhr hörte man wiederum die gleichen Geräusche. Sie standen auf, überprüften den Flur, allerdings war ihnen nicht danach zumute, in den oberen Stock hinaufzusteigen. Am kommenden Tag durchblätterte Haston das Hüttenbuch und fand darin eine Notiz, die über den

Tod des Hüttenwärters durch ein Lawinenunglück Auskunft gab." (133)

Da in allen Fällen niemand anwesend war, könnte man allenfalls die Erklärung Mackenzies von der „Imprägnierung" eines Ortes anführen, die durch sensible Menschen in außergewöhnlichen Lagen wahrgenommen wird. Manchmal seien die Mimicri-Geräusche die Nachahmung der Tätigkeit Lebender, schrieb Fanny Moser und zitiert einen Bericht: „Im Schloß hörten am 13. Okt. 1875 der Abbé und die Zofe aus gegenüberliegenden Zimmern abends deutlich Schritte, die jene von Herrn und Frau v. X nachahmten und ebenso ihre Unterhaltung, als gingen sie durch den Gang zu ihren Schlafzimmern. Die Zofe versicherte, die Stimmen erkannt zu haben. Dann sei die Türe geöffnet worden. Sie erschrak jedoch nicht, so sicher war sie, daß sie es seien. Tatsächlich schliefen sie aber bereits." (134) Um Nachahmungen der Geräusche Toter handelt es sich in einem Fall aus Landsberg am Lech: Eine 88jährige Frau hat mir erzählt, sie habe nach dem Unfalltod eines jungen Mannes in dessen Zimmer noch seine Schritte vernommen. Das war vermutlich ein Ankündigungserlebnis.

Der Schweizer Musiker Bo Katzman hat bei den Psi-Tagen 1993 in Basel auch eine Episode zum besten gegeben: Er hörte Schritte, die aus dem Haus hinaus führten in einen Schopf; mehrmals. Später stellte sich heraus, daß früher einmal ein Mensch die Treppe hinabgegangen war und hinüber in die Hütte, um sich dort aufzuhängen. Unsere Erklärung klingt, zugegeben, abenteuerlich, aber eine bessere ist nicht zu haben.

Der Steinregen

Beim Aufstieg kann es, wenn ein Vorangehender unachtsam oder unerfahren ist, Steine hageln. Dann gilt es, schleunigst in Deckung zu gehen. Es gibt indessen Steine in Spukfällen, die, man glaubt es kaum, sich wohltätig benehmen. Sie fallen und treffen auch, verletzen aber nicht. Sie beschreiben eigenartige Bögen durch die Luft, manchmal sieht man die Fallinie nicht, manchmal bilden sich die Steine erst über dem Boden und kurz vor dem Aufschlag, manchmal gleiten sie durch Wände hindurch. Ernesto Bozzano, ein italienischer Forscher vom Anfang dieses Jahrhunderts, hat unter 158 Spukfällen 46 mit „Steinregen" gezählt. Bozzano schreibt in seinem Buch „Die Spukphänomene", daß die Manifestationen „einzig und allein nur durch die Aussendung einer mediumistischen Energie erklärlich werden, welche von einem rudimentären Willen unbewußten Ursprungs kontrolliert wird." (135)

Medium oder „Fokusperson" ist meistens ein junger Mensch, dessen seelische Qualen sich so oder durch andere Manifestationen äußern. Angeblich verlagern sich psychische Energien im personengebundenen Spuk nach außen. Schuhmacher charakterisiert ihn so: „Eruptiv, heftig, vielseitig, schabernackartig, häufig auch bei Tag, in bewohnten Innenräumen, keine Spuklegende, nicht historisch verankert, wirkt intelligenzgeleitet, Rapport möglich – etwa im Frage-Antwort-Spiel durch Klopfen." (136)

Befremdend wirkt, daß die Anwesenden beim Steinspuk selten die Steine fliegen sehen; irgendwie ist die Wahrnehmung der Anwesenden beeinträchtigt. Daher kann man schwer einschätzen, ob es sich um natürliche Phänomene handelt, um Betrug oder tatsächlich um „übernatürlichen" Spuk. Walter von Lucadou, der Freiburger Physiker und Psychologe, hält die unerklärliche Bewegung von Gegenständen durchaus für Erscheinungen, die in einem „psychophysikalischen System" vorkommen können. Seltsam seien sie, aber möglich und natürlich. Es bewegen sich eben Objekte. (137)

Im Juli 1955 ereignete sich Mysteriöses im Hotel Täschhorn auf 1440 Metern Höhe im Wallis. Sieben Menschen waren Augenzeugen. Einige Steine fielen plötzlich auf den Küchenboden, und sie waren warm. Alle fünf Minuten fiel einer: „Ohne je eine Person zu treffen, fielen sie oft sehr heftig und mit lautem Aufschlag in der Nähe des Herdes oder des Tisches auf den Küchenboden. Merkwürdig, daß man sie nie heranfliegen sah; sie wurden erst kaum einen Meter vor dem Aufschlag sichtbar, und hüpften meist nur einmal, selten zweimal knapp auf."

Ein Zeuge, Hugo Mooser, sah Küchengeräte durch die Luft fliegen oder schweben und niederfallen. „Sie saßen in der geschlossenen Veranda des Hochparterres beisammen, als sie plötzlich in einem Nebenraum einen heftigen, wie von einem Steinschlag herrührenden Schlag vernahmen. Einer der noch nicht in den Spuk eingeweihten auswärtigen Pfarrherren hielt Nachschau und fand dort am Boden einen ziemlich großen Stein, dessen Herkunft unerklärlich war, denn Türen und Fenster dieses menschenleeren Raumes waren geschlossen und alle Scheiben intakt."

„Die beiden Teile eines beim heftigen Aufschlag zerbrechenden Mörtelsteines wurden von Pfr. E. Mooser und Hugo Mooser mit Rotstift gekennzeichnet und in verschiedenen Richtungen vor das Hotel geworfen. Nach einiger Zeit fielen bei geschlossenen Fenstern und Türen zuerst der eine, dann der andere Teil wieder in die Küche." (138)

Hugo Mooser schätzte die Zahl der Steinwürfe in drei Tagen auf achtzig bis hundert. Die Erklärung war schwierig. Alle Untersuchungen brachten nichts zutage, allerhöchstens die Spekulation, ein geheimnisvoller Gast, der zwei Monate sich in dem Berghotel aufhielt, habe die jungen Mädchen, die im Hotel lebten, hypnotisiert; er soll sich schon früher in einem Hotel aufgehalten haben, in dem es spukte. Manche Menschen schleppen den Spuk geradezu hinter sich her. In der Forschung wird immer versucht, ein Persönlichkeitsprofil solcher Menschen zu erstellen. Lucadou hält es für möglich, daß die Spukagenten eine „zweite, unbewußte Person" im „dunklen Bereich" ihrer Psyche haben, von deren Handlungen sie nichts wissen. Sie sind labil, neigen zur Dissoziation (zum „Abspalten" von Gefühlen und Gedanken) und können ihre Lebenssituation nicht auf pragmatische Weise verändern. (139)

Zur Illustration noch ein Fall aus Sumatra. W. G. Grottendieck aus Dordrecht in Holland schreibt am 27. Januar 1906:

„Im September 1903 hatte ich Gelegenheit, ein abnormales Phänomen zu erleben, das ich mit der größten Ruhe in allen Einzelheiten beobachten konnte." Er mußte auf Sumatra ein Haus beziehen, das weit entfernt von dem Haus der Ölgesellschaft lag, bei der Grottendieck arbeitete. Er lag im Schlafsack, nur auf dem Fußboden vor der Tür lag ein malaiischer Knabe.

„Gegen ein Uhr nachts wachte ich durch den Lärm eines Gegenstandes schlaftrunken auf, der bei meinem Kopfkissen außerhalb des Moskitonetzes herabgefallen war. Zwei Minuten später war ich vollkommen wach und schaute rings um mich her, um festzustellen, was denn da fortwährend von oben herabfiele. Ich bemerkte schwarze, cirka 2 cm lange Steinchen.

Ich stand auf, nahm die am Bettfuß aufgestellte Lampe und beobachtete nun genau, daß die Steine von der Decke herkamen, eine parabolische Kurve beschrieben und nahe bei meinem Kopfkissen niederfielen." Er schickte den kleinen Malaier aus. „Als der Knabe zurück war, schickte ich ihn zur Wache in die Küche, und um den Steinfall besser überwachen zu können, kniete ich neben dem Kopfkissen nieder und versuchte die Steine im Flug aufzufangen. Aber dieses Unternehmen war unmöglich, da es schien, als ob die Steine in der Luft auswichen, sobald ich aufsprang, um sie zu erwischen." Die Decke aber sei „nirgendwo durchlöchert" gewesen. Kaum sei der Knabe verschwunden, habe der Steinregen aufgehört. (140)

Läutende Glocken

Kirchen und Kapellen sind im Hochgebirge selten; doch zur Abrundung von Spukerscheinungen sollen sie erwähnt sein, die von selbst läutenden Glocken.

Die „Glocken von Carpegna" erklangen am 1. November 1970 zum erstenmal, ohne daß offensichtlich eine Hand ihre Stränge berührt hätte. Carpegna ist ein kleiner Ort an der Grenze zwischen den Marken und der Toskana, der in 748 Meter Höhe über den Südhang des Monte Carpegna in der Provinz Pesaro blickt. Wo die Häuser allmählich zum Tal hinuntersteigen, steht der Konvent der Minderbrüder und das Seminar der Franziskaner. Die Klosterbrüder Giuseppe und Mario hören die Phantomglocken erstmals um 20.15 Uhr: außerhalb der üblichen Stunde. Sie eilen zu ihren beiden Brüdern, die vor dem Fernsehschirm sitzen und nichts gehört haben; vielleicht hatte gerade ein Fußballspiel begonnen – es ist nicht überliefert. Um 22 Uhr aber vernehmen es alle fünf, einschließlich Pater Doriano: Der Glockenklang kommt eindeutig von ihrer Pfarrkirche San Nicolò aus dem 16. Jahrhundert.

Die Mönche gehen ins Zimmer nebenan: absolute Stille. Um Mitternacht läuteten die Glocken im Schlafraum der Brüder, schien es. Der Rest des Gebäudes lag still da. Am nächsten Morgen erklangen die Schläge außerhalb der Kirche; drinnen war kein Ton zu hören. Die Glocken im Turm hingen unbeweglich und die Stränge blieben während des Läutens reglos. Am 13. November ließ sich nicht mehr die kleinste Glocke, dafür die Mittagsglocke hören. So ging das ein Jahr lang. Die Schlange der geparkten Autos wuchs, denn einer der zahlreichen italienischen Schauplätze eines Wunders war entdeckt. Eine Erklärung des Phänomens, das dann schwächer wurde und verschwand, blieb bis heute aus. Piero Cassoli und Massimo Inardi, zwei italienische Parapsychologen, fanden bei ihren Untersuchungen keine technische Vorrichtung, keinen Trick.

Sergio Conti nahm die Glocken sogar auf Band auf. Sie zeigten sich verspielt: Wo er nur zwei Schläge gehört haben will, waren vier auf dem Tonband. Die Bevölkerung suchte sich eigene Erklärungen: Einige Zeit vor dem ersten unvermuteten Läuten war – vier Kilometer von Carpegna entfernt, in Montefiorentino – der Pater Tarcisio Larghetti im Geruch der Heiligkeit gestorben. Alle Glocken der Umgebung wurden geläutet – aber nicht die von San Nicolò. Diese meldeten sich, von selbst, am selben Abend: aus Protest gegen das Versäumnis, sagten Dorfbewohner. Andere warnten: „Wenn die Glocken von Carpegna ertönen, spaltet sich der Berg." Nichts dergleichen geschah.

Conti schließt in seinem Bericht eine Wirkung eines menschlichen Mediums aus, wie wir es vom Poltergeist kennen – wegen „des Umfangs und der Dauer der Manifestation". (141) Doch die Wirkungen des Poltergeists können massiv sein. Als „Fokusperson" kann durchaus ein Mönch infrage kommen, der vielleicht in ähnlichen psychischen Turbulenzen war wie ein Halbwüchsiger. Daß das Phänomen nicht überall zu hören war, deutet auf eine kollektive, aber massive Halluzination hin, wie sie in Spukfällen oft beobachtet wird.

Die „Campane sonanti" erinnern an das geheimnisvolle Läuten auf Schloß Holligen bei Bern, das zum erstenmal am Nachmittag des 31. Juli 1816 auftrat. Den ganzen August lang verwirrte es – denn alle Glocken in allen Zimmern erklangen – die Mägde, die immer vergebens ihren Herrn und ihre Herrin aufsuchten: Fehlalarm. Ein Expertenbericht vom 14. März 1819, unterzeichnet von Professor Friedrich Trechsel und Christian Schenk, brachte keine wesentliche Klärung, sondern gab nur die Geschehnisse wieder. „Darf man das Läuten im Schloß Holligen anno 1816 als telephysikalisches Phänomen mediumistischen Ursprungs deuten, wobei das unbewußte und unerkannte Medium beispielsweise in einer der Schloßmägde zu suchen wäre?" fragt ahnungsvoll der Untersucher F. A. Volmar. Dagegen würde sprechen, daß die nach seinen Worten „sehr couragierte Haushälterin" Paula Gilgen mehr als hundert Jahre später, im August 1928, zwei Nächte lang das seltsame Läuten erneut vernahm. (142)

Als Kern des Läutens gibt es auch ein geschichtliches Vorbild, eine Sage: Der Junker von Diesbach soll im ersten Viertel des 16. Jahrhunderts am französischen Hof eine junge Frau kennengelernt und auf Schloß Holligen mitgenommen haben. Die Frau machte sich über das Schloß lustig und meinte, es gebe keine Glocke, mit der man Dienstboten rufen könne. Da ließ der Mann zum Trotz in jedem Zimmer eine Glocke installieren. Seine Angetraute machte sich einen Spaß daraus, die Dienstboten auch nachts mit der Begründung zu rufen, wenn sie nicht schlafe, bräuchten es die anderen auch nicht zu tun. Doch irgendwann soll sich die Frau des Torwächters, geschwächt durch eine Geburt, durch das Läuten so erschrocken haben, daß sie starb. Der Torwächter verfluchte die Schloßherrin, und ihr Ehemann schimpfte sie so aus, daß sie das Land verließ. Seither hörte die Dienerschaft bei jedem Mondwechsel das rasende Läuten, und bald verließen die Menschen das Schloß.

F. A. Volmar gibt einen besseren Hinweis auf die Ursache für den Spuk von 1816: Die attraktive 31jährige Frau des etwas steifen, langweiligen 47jährigen Schloßherrn war unglücklich (tatsächlich wurde die Ehe 1823 nach einer Affäre ihrerseits geschieden). Die Ehe litt damals unter Spannungen, was sich bei der Frau womöglich durch den Spuk ausgedrückt haben könnte; sie war vielleicht medial begabt. Als Vorbild diente ihr womöglich die Sage, die schon Ende des 18. Jahrhunderts bekannt gewesen sein soll und schon Bekanntes aussagt: daß Übermut bestraft wird. (143)

Der englische Major Edward Moor hat 1841 ein Buch mit dem Titel „Bealing Bels" veröffentlicht und 15 Fälle darin versammelt. Moor war Mitglied der Königlichen Gesellschaft der Wissenschaften. In seinem eigenem Haus fingen die Glocken an zu läuten; anwesend waren nur ein Diener und ein Zimmermädchen. „Die höchste Ironie aber war, daß die fünf unruhigsten Glocken jene waren, bei denen die Schnüre und Drähte in ihrer ganzen Länge vollkommen sichtbar waren außer den kurzen Strecken, auf denen sie quer durch den Fußboden oder durch die Mauer liefen." Der Major schließt: „Ich bin absolut davon überzeugt, daß die Glocken infolge einer Ursache läuteten, die nicht menschlicher Art war." (144)

Bilder aus dem Inneren

Spuren, Kreuze und Steine begegnen uns auf dem Weg. Wir deuten sie, wir finden eine Geschichte. Auch Spukerscheinungen können wir leidlich erklären. Bisweilen jedoch kommen die Bilder nicht aus der Außenwelt, sondern ungefragt und scheinbar planlos aus unserem Inneren. Wenn der Wanderer zu Tode erschöpft ist, in wegloser Einsamkeit dahinstrauchelt, wenn er keine Hoffnung mehr hat und alles hinnimmt, dann kommen sie, die trügerischen Bilder. Sie sind meist schön, sie gaukeln Frieden und Sanftheit vor, als Ausgleich für die unerbittliche Gegenwart.

Träume von Sonne und Wiesen

Sechs Männer kommen vom Gipfel herab. Am Ostgrat des Eiger wanken sie dem Tal entgegen, entkräftet, fast zerstört. Das vierte Biwak. „Schließlich erfaßte mich eine Art völlig losgelöster Zuversicht, die auch den Tod mit einschloß. Das klingt sehr absurd – dabei kochte ich gleichzeitig immer wieder Tee", erzählte Kurt Diemberger. „Es ist gut, daß wir so viele sind. Wir sind eine Ganzheit, die sich langsam den Weg zurück zur Erde ertastet und die die Befehle ausführt, die aus ihr kommen – wir sind sehr langsam, aber unentwegt. Jeder ist, wenn er gerade etwas zu tun hat, da; er klettert, sichert; aber dazwischen ist er wieder geistig weggetreten. Ich bemerke es an mir selbst. Wenn ich nicht gerade sichere oder den nächsten Griff fasse, träume ich von Wiesen, Sonne, Wärme auf der Haut. Es wäre gewiß nicht schlimm, einzuschlafen, hinüberzudämmern – aber keiner von uns will es." (145)

Es ist ganz natürlich, daß der Mensch in feindlicher Kälte von Wärme träumt und hungernd vom Essen. „Auf dem Rückmarsch gehen uns noch die Lebensmittel aus. Die letzten zwei Tage wanken wir vollkommen kraftlos über den Gletscher. In meinen Hungervisionen träume ich, wie ich mit einem Warenkorb durch den Supermarkt gehe und unter den Tausenden Lebensmitteln genau das heraussuche, was mir schmeckt. Dann steige ich in das Auto und fahre davon. Es muß schön sein, sich in ein Auto zu setzen und dahin zu fahren, wohin man will, in einem Auto zu sitzen und zu fahren, nicht mehr zu laufen." Solche Gedanken beschäftigen Reinhard Karl auf dem Rückweg nach dem Gipfelsieg auf dem Gasherbrum II. (146)

In der Todeszone oberhalb von 8000 Metern am K2: dort, wo ein Mensch nur wenige Tage überleben kann. Eine Gruppe Bergsteiger ist vom wütenden Sturm in ihre Zelte verbannt und dämmert dem sicheren Tod entgegen. Willi Bauer, der sich damals, 1986, dennoch retten konnte, sinkt in den Erschöpfungsschlaf: Sein Traum ist in einem Buch in der dritten Person wiedergegeben.

„Müde nickt er ein und träumt, hat ein Gefühl, als sei er nach einem Flug notgelandet und warte auf den Morgen. Er liegt auf einem riesigen Schneehügel. Der Mond beleuchtet nur eine Seite mit seinem magischen Licht. Die andere Seite liegt im Schatten. Dann beginnen Licht und Schatten ununterbrochen zu wechseln, wollen ihn nicht schlafen lassen, machen ihn schwindlig. Über allem herrscht ein vollkommenes Schweigen. Dann liegt er mit ausgebreiteten Armen rücklings im Schnee und schaut ins Sternengewimmel, wieder erfaßt ihn ein Schwindel. Alles scheint sich zu drehen, umzukehren. Plötzlich liegt der Himmel als unergründliches blaues Meer tief unter ihm. Da ist nichts, an das er sich klammern kann, nichts zwischen dem Abgrund und ihm. Doch er hat sich schon gelöst und beginnt hineinzufallen ins Nichts, wie ein Fallschirmspringer ohne Fallschirm. Aber er fällt nicht. Er ist von Kopf bis Fuß mit der Erde verknüpft, und es ist beruhigend, ihr sein Gewicht zu überlassen." (147) Dieses Sich-Drehen erinnert an den Tunnel, von dem Menschen von einem Nahtodes-Erlebnis berichtet haben. Durch diesen ging es hindurch, und dann kam das Licht und die Begegnung mit den Verstorbenen.

Solange noch ein Überlebenswille vorhanden ist, schafft man es weiterzugehen. Einer kann, muß sogar den anderen dazu ermahnen, notfalls mit handgreiflichen Mitteln – wie es Walter Pause in „Die rettenden Ohrfeigen" schildert. Immer wieder schlägt ihn sein Kamerad, um zu verhindern, daß er im Eis einschläft, was der sichere Tod wäre. Pause ergänzt, nachdem er eingesehen hat, daß ihm die Züchtigungen das Leben gerettet haben: „Ein Jahr darauf erfuhren wir von dem Erschöpfungstode dreier deutscher Bergsteiger, die, nach schwerer Bergfahrt im Schneesturm, noch kurz vor, ja im Anblick der rettenden Hütte eine kleine Schnaufpause eingelegt hatten und mit ihren ausgebrannten und zugleich unterkühlten Körpern friedlich eingeschlafen waren. Eingeschlafen und zu Eisblöcken erfroren. Als Eisblöcke hat man sie anderntags gefunden." (148)

Eine Person muß als treibende Kraft da sein. Ich erinnere mich: Der Bus von Daressalam nach Songea war im Februar 1984 nach achtzehnstündiger Fahrt um zehn Uhr nachts mit Reifenschaden in der Wildnis liegengeblieben. Dreißig Afrikaner und ich packten unsere Sachen und wanderten zum nächsten Dorf. Nach vielen Stunden blieb ich erschöpft sitzen und wollte nicht mehr. Ein Tansanier näherte sich und ermunterte mich: „Come on, Mister!" Ich nickte, ich seufzte, ich ging weiter. Wir legten 28 Kilometer zurück in jener Nacht, und morgens um sechs hatten wir ein Lager erreicht, von dem aus ein Lastwagen uns bei Tagesanbruch weitertransportierte.

Doch war die Lebensgefahr damals in weiter Ferne. Was hätte passieren können? Eine Nacht in der Nähe von drei verlassenen Hütten im tansanischen Grasland, bei milden Temperaturen. Und weiter am nächsten Morgen. Gar nicht zu vergleichen mit dem erschütterndsten und furchtbarsten Bericht eines Überlebenden im modernen Alpinismus: des schon erwähnten Joe Simpson, der schneeblind, mit einem gebrochenen Bein und erfrorenen Fingern in der Eiseskälte der peruanischen Anden gestrandet war.

Wenn sich das bewußte Ich abgemeldet hat, kann es zu eigenartigen Phänomenen kommen. In unserem Innern arbeitet es, ohne daß wir immer davon wissen. Ein stummer innerer Monolog läuft ab, Geschehnisse werden verarbeitet und neu präsentiert – und wir halten uns jederzeit für die Meister der Situation. Schizophrene hören häufig Stimmen, die ihnen abstruse Dinge befehlen; doch beim gesunden, völlig erschöpften Menschen befiehlt diese Stimme oft das Richtige. Es ist die Notfallinstanz, die sich einschaltet: der Autopilot gewissermaßen.

Joe Simpson kroch abwärts. „Von Zeit zu Zeit hielt ich an, um Schnee zu essen und auszuruhen, starrte geistesabwesend auf die riesige Westwand des Siula Grande über mir und hörte den seltsamen Gedanken zu, die in meinem Kopf widerhallten. Dann unterbrach die Stimme meine Träumereien, und ich schaute schuldbewußt auf meine Uhr, bevor ich wieder weitermachte. Die Stimme und die Uhr hielten mich in Trab, wann immer mich die Hitze vom Gletscher in eine einschläfernde, erschöpfte Benommenheit lullte. (…) Während ich mich zentimeterweise über das Meer aus Schnee schob, hörte ich anderen Stimmen zu, die sich fragten, was wohl die Menschen in Sheffield trieben, oder erinnerte mich an die kleine Kneipe mit dem Strohdach in Harome, wo ich vor der Expedition zuweilen etwas getrunken hatte. Ich hoffte, daß meine Mutter für mich betete, wie sie es immer tat, und bei der Erinnerung an sie verschleierten sich meine Augen mit nassen, heißen Tränen. Ich sang unablässig die Worte eines Schlagers im Takt zu meinen Kriechbewegungen, und mein Kopf füllte sich mit unzähligen Gedanken und Bildern an, bis ich anhielt und schwankend in der Hitze saß. Dann sagte mir die Stimme, ich hätte mich verspätet, und ich wachte mit einem Ruck auf und kroch wieder weiter. Ich war in zwei Teile gespalten. Eine kalte, klinische Seite in mir begutachtete alles, entschied, was zu tun war, und sah zu, daß ich es auch ausführte. Der Rest war Irrsinn, ein dunstiger Schleier von Bildern, so lebhaft und wirklich, daß ich mich in ihrem Bann verlor." (149)

Simpson faßte zusammen: „Es war, als würden in meinem Kopf zwei Wesen das Für und Wider erörtern. Die Stimme war klar und scharf und befehlend. Sie hatte immer recht, und ich hörte auf sie, wenn sie sprach, und handelte gemäß ihren Beschlüssen. Das andere Wesen ließ eine zusammenhanglose Serie von Bildern, Erinnerungen und Hoffnungen lossprudeln, mit denen ich mich in einem wachtraumartigen Zustand befaßte, während ich daran ging, den Befehlen der Stimme zu gehorchen." (150)

Glücklich, wer eine solche Stimme hört, die ihm Führung gibt! Manche Stimme wird auch halluziniert, sie ist wie ein akustisches Trugbild, vielleicht hervorgerufen durch Sauerstoffmangel im Gehirn. Jerzy Kukuczka mußte am 10. Juli 1986 am K2 den Absturz seines Freundes Tadeusz Piotrowski miterleben und kehrte langsam zum Lager zurück. „Ich schleppte mich bis zu den Zelten, die ich um vier Uhr nachmittags erreichte. Das erste, was ich tat, war, zum Funkgerät zu greifen. (…) Lange, lange Zeit antwortete mir niemand, doch schließlich hörte ich eine Stimme. Sofort bat ich darum, mit Janusz Majer, dem Leiter der polnischen Expedition sprechen zu können, und teilte ihm die tragische Nachricht von Tadeusz' Sturz mit. Sie wollten sofort losgehen, um ihn unter der Wand zu suchen. Am nächsten Tag würden wir uns wieder miteinander in Verbindung setzen." Später erfährt Kukuczka, daß im Basislager nie eine Nachricht von ihm eingetroffen ist. Es war wohl eine Halluzination. (151)

Reinhold Messner hat vor Jahren einmal erwähnt, es gäbe Stimmen, die den Bergsteiger in den Abgrund locken wollen. Es gibt zunächst die Apathie, die Willenlosigkeit; doch es gibt auch Stimmen, die den Verzweifelten zum Handeln auffordern. Anderl Heckmair berichtet: „Lange stehenbleiben und beraten konnten wir nicht mehr, der andere reagierte kaum noch auf mein Zureden und stammelte: ‚Es ist unmöglich, unmöglich! … Am besten springen wir gleich hinunter!' … Dabei sah er mich mit leerem Blick an, so, als erkenne er mich nicht mehr. Unter ähnlichen Verhältnissen hatte sich ein Jahr zuvor in der Dachstein-Südwand ein schlimmes Drama abgespielt, wobei von sieben Bergsteigern zwei wahnsinnig wurden und über die Wand in die Tiefe sprangen. Zwei starben an Ort und Stelle, nur drei konnten gerettet werden." (152) So gibt es anscheinend gute und böse Stimmen, wie es im Volksglauben gute und böse Geister gibt.

Stimmen und Bilder. Viel war in den vergangenen Jahren von Nahtodes-Erlebnissen die Rede. Sie sind streng definiert. Bestimmte Elemente müssen vorhanden sein, damit man von einem voll ausgebildeten Nahtodes-Erlebnis oder Near-Death Experience (NDE) sprechen kann. Der oder die Erlebende muß wirklich in der Nähe des Todes gewesen sein, muß das Bewußtsein verloren oder einen Herzstillstand erlitten haben. Der Flug durch einen Tunnel wird bezeugt, das Eintauchen in ein Licht, die Begegnung mit Verstorbenen oder einem höheren Wesen, das dann sagt: Du mußt wieder zurück! Ohne die Rückkehr hätten wir keine Berichte, die ohnehin erst in den siebziger Jahren publik wurden, als Menschen erstmals mit Lebensrettungsmaßnahmen wieder „zurückgeholt" werden konnten.

Bergsteiger sind meist gesammelt und konzentriert – bei Stürzen denken sie meist „Aha, so ist das also"; und wenn sie einmal das Bewußtsein verlieren, gibt es häufig keine Rettung mehr. 1924, als Thomas Manns Roman „Zauberberg" erschien, wußte der Autor sicher nichts von Nahtodes-Erlebnissen. Aber er wußte von Bildern und Träumen, die im Dämmerschlaf und höchster Erschöpfung auftauchen. Er läßt Hans Castorp eine Fahrt auf Skiern in die Winterwildnis unternehmen, in der er bald die Orientierung verliert.

Die Finger sind starr geworden, er weiß nicht mehr, wie spät es ist und trinkt aus einer Flasche Portwein. Er erreicht einen Schuppen, lehnt sich an und denkt: „Halte dich still und laß immerhin deinen Kopf hängen, da er nun einmal so schwer ist. Die Wand ist gut, Holzbalken, es scheint eine gewisse Wärme davon auszugehen, soweit hier von Wärme die Rede sein kann (...) Ah, die vielen Bäume! Ah, das lebendige Klima der Lebendigen! Wie es duftet! ... Es war ein Park, der unter ihm lag, unter dem Balkon, auf dem er wohl stand – ein weiter, üppig grünender Park von Laubbäumen, von Ulmen, Platanen, Buchen, Ahorn, Birken." (...) Er hört Vogelstimmen und Harfenklang, sieht einen Regenbogen und das Südmeer, sich tummelnde Jünglinge und tanzende Mädchen, einen schönen

Knaben, Säulen und endlich eine Tempelkammer. Drinnen „zwei graue Weiber, halbnackt, zottelhaarig (...) Über einem Becken zerrissen sie ein kleines Kind, zerrissen es in wilder Stille mit den Händen".

Castorp, immer Herr der Lage, weiß natürlich sofort: „Ich wußte es im Grunde die ganze Zeit, und alles hab' ich mir selbst gemacht, – den Laubpark und die liebe Feuchtigkeit und dann das Weitere, Schönes wie Scheußliches, ich wußte es beinahe im voraus." Und er kommt über viele gedankliche Umwege zu dem Schluß, der als eine Schlüsselstelle des Romans gelten kann: „Ich will gut sein. Ich will dem Tode keine Herrschaft einräumen über meine Gedanken! Denn darin besteht Güte und Menschenliebe, und in nichts anderem. (...) Der Mensch soll um der Güte und der Liebe willen dem Tode keine Herrschaft einräumen über seine Gedanken." (153)

Fünfzig Jahre vor dem erfolgreichen Buch „Leben nach dem Tod" von Raymond Moody (1975, dt. 1977) hat Thomas Mann schon die wesentlichen Dinge gesagt. Nur: In der Realität am Berg gibt es selten einen Weg zurück. Wer, vor sich hindämmernd, die Grenze überschritten hat, ist unaufhaltsam unterwegs in die Dunkelheit. Es gibt wenige Zeugnisse von dieser Grenze. Eines lieferte Jerzy Kukuczka in der Höhe von 8300 Metern am K2, an einem Tag, an dem er nur 20 Höhenmeter zurücklegen konnte: „Während ich das letzte Stück eines Felsriegels überwand, war ich nicht ganz bei Bewußtsein. Die Mauer, die fast durchgehend senkrecht war, hing genau am Ende über. Die letzten Meter mußte ich an den Armen hängend hinter mich bringen. Daran kann ich mich absolut nicht mehr erinnern. Wegen des Keuchens, das meinen ganzen Körper durchschüttelte, hörte ich nichts. Doch schlimmer wurde es, als ich ganz außer Atem kam. Schwarze Flecke tanzten mir vor den Augen; ich konnte nichts erkennen. Ich weiß nicht, wie lang dies dauerte. Die letzten Bewegungen fielen mir so schwer, daß ich die Kontrolle über meine Körperfunktionen verlor. Und daß meine Hose vom Urin durchnäßt war, merkte ich erst über dem Felsriegel, als ich nach ziemlich langer Zeit irgendwie wieder zu mir kam." (154)

Kukuczka erzählt auch von drei Tabletten, die ihm einmal ein amerikanischer Arzt gab, der gesagt habe: „Denk daran, nur wenn du sie unbedingt brauchst!" Der polnische Bergsteiger hat sie nie genommen und irgendwann weggeworfen. Er meinte, „mit der Tablette wäre ich einfach immer weitergegangen, auch wenn ich in Wirklichkeit nicht mehr gekonnt hätte. Die Muskeln hätten über ihre Möglichkeiten hinaus gearbeitet. Die Lunge und das Herz hätten sich zu einer übermenschlichen Anstrengung gezwungen. Bis zur völligen Selbstzerstörung. Meine einzige Chance wäre in diesem Fall gewesen, vor dem Tod im Gehen das Basislager zu erreichen." (155)

Doping führt dem Körper nicht geheimnisvolle Kräfte zu, sondern schiebt die Grenze hinaus, bei der der Körper zu revoltieren beginnt. Auf natürliche Weise tun dies die Endorphine, die das Gehirn ausschüttet. In diesem Falle hat Doping durchaus mit der Grenze zwischen Leben und Tod zu tun.

Es gibt schöne, aber auch schreckliche Nahtodes-Erlebnisse, doch alle, die davonkamen, hat eine neue Liebe zum Leben erfaßt. Robert Sullivan hat erzählt: „Eines Abends mußte ich durch einen Schneesturm fahren, um einen Vortrag über Todesnähe-Erlebnisse zu halten ... Ich hielt also mein Referat ... Ich muß Ihnen sagen, danach war ich richtig ‚high'. Diese Menschen strahlten eine Energie aus, daß ich danach fast die ganze Nacht aufblieb." (156)

Bei den „Träumen" während Nahtodes-Erfahrungen treten zwar teure Verstorbene auf, und das Elternhaus ist zu sehen. Dennoch ist die Form der Erfahrung bei den meisten Menschen gleich, und, wer weiß, vielleicht schleichen sich auch andere Inhalte in den eigenen Traum. Thomas Mann soll zum nächsten Kapitel überleiten. Er läßt Hans Castorp sagen: „Man träumt nicht nur aus eigener Seele, möcht' ich sagen, man träumt anonym und gemeinsam, wenn auch auf eigene Art. Die große Seele, von der du nur ein Teilchen, träumt wohl mal durch dich, auf deine Art ..."

Botschaften aus dem Jenseits?

Ich habe Bilder und Zeichen vorgestellt, die von außen an uns herantreten und die wir deuten; ich habe versucht, die Bilder von innen mit Leben zu füllen. Nun komme ich zu Informationen, bei denen umstritten ist, ob sie von innen oder von außen kommen. Es sind Botschaften, übermittelt durch ein Medium. Kritiker sagen, die Botschaften kämen aus einer tieferen Schicht des Mediums selbst. In der Tat ist eine große Menge von Büchern auf dem Markt, die angeblich Weisheiten von Wesen enthalten, die vor Tausenden Jahren einmal gelebt haben oder die in einer anderen Galaxie beheimatet sein sollen.

Die Everest-Durchgaben

Manche Informationen aber kann man überprüfen. Wenn die „Durchgaben" des geistigen Wesens Dinge enthalten, die das Medium unmöglich wissen konnte, wäre es immerhin möglich, daß es dieses Wesen gibt. Ein interessanter Fall ist die „Everest-Botschaft'".

Ein gewisser C.J. Williamson aus Scalloway auf den Shetlands schrieb der Londoner „Society for Psychical Research" einen Brief, der im September 1976 veröffentlicht wurde. Er habe nach dem Tod eines Freundes mit dem automatischen Schreiben angefangen. Die Informationen seien von jenem fünf Jahre zuvor gestorbenen Freund gekommen, der im Leben Radioamateur gewesen war. Als Test habe er ihn dann gefragt, was mit Mallory und Irvine geschehen sei, die 1924 am Mount Everest verschwanden.

Beim automatischen Schreiben versucht der Mensch, zur Ruhe zu kommen oder in Trance zu gehen und dabei nicht auf seine Hand zu achten. Mit einiger Übung fängt die Hand an zu schreiben, und manchmal formuliert sie intelligente Sätze – wie wir zuweilen beim Telefonieren etwas malen, ohne darauf zu achten; das geschieht wie von selbst. Der Schreiber glaubt, so Botschaften von Verstorbenen oder „höheren Wesen" zu erlangen, und manch einer meint, die Welt müsse davon erfahren. Viele dieser tausend Seiten, die überflüssigerweise auch noch veröffentlicht werden, bestehen allerdings nur aus aufgeblasenen Platitüden.

Williamson erhielt drei Wochen später Antwort. Sein Freund aus dem Jenseits „kam durch", wie es heißt, und verriet ihm durch sein eigenes Schreiben, George Leigh Mallory und Andrew Irvine hätten zu spät den Gipfel erreicht, um noch bei Tageslicht zurückkehren zu können, und Mallory, der nicht angeseilt war, sei abgestürzt. Irvine sei in der Nacht darauf erfroren. Die Botschaft wurde drei überlebenden Mitgliedern der Expedition von 1924 übersandt, und die Herren Odell, Sommervill und Captain Noel zeigten sich beeindruckt. Fachleute aber bezweifeln, daß Mallory und Irvine überhaupt den Gipfel erreichen konnten.

Dann erreichte Williamson eine weitere Botschaft, die er für so wichtig hielt, daß er sie in einem versiegelten Umschlag der Bank of Scotland zur Aufbewahrung gab. Am 12. Januar 1975 um 7.35 teilte der Gewährsmann mit, eine Gruppe Bergsteiger werde bald auf dem Everest etwas Eigenartiges erleben. Die Botschaften sind nicht immer klar. Wörtlich heißt es:

„Andrew Irvine ist immer verfügbar. Sie werden warten, sagt er. Er spricht von (Frank) Smythe (Bergsteiger mit Everest-Erfahrung, gest. 1949 – Anm. d. Verf.). Alles Mögliche werden sie tun, um sie zu führen oder sie zu retten, wenn es nötig ist. Bonington ist kooperativ – er wird nicht enttäuscht sein, wenn er den Gipfel nicht erreichen sollte. Sie werden mit besseren Nachrichten als dieser zurückkommen. Auf dem Berg werden sie andere sehen, nicht aus ihrer eigenen Gruppe, andere, die in ihrem physischen Körper einfach nicht dasein können. Er wird es euch allen erzählen, wenn sie zurückkommen. Werden sie den Gipfel erreichen, fragst du? Das Wetter wird schlecht sein, und da sind die Eishänge. Katastrophe für einige, aber

Bonington kommt sicher zurück. Hastie oder ist es Haston wird in großer Gefahr sein und ich zweifle und glaube trotzdem an sein Durchkommen ..." (157)

Nick Estcourt hat wirklich von einem „strange happening", einer eigenartigen Begebenheit berichtet. Er sei von einem Schemen begleitet worden: am frühen Morgen, im Mondlicht, auf dem Weg von einem Lager zum anderen. Die Geschichte habe ich in I./3. (Geister als Warner und Retter) wiedergegeben. War das Irvine? Auch Doug Scott äußerte sich nach der Expedition: Er habe sich von einer Präsenz begleitet gefühlt, mit der er sich „auf geistiger Ebene" unterhalten habe. „Es schien wie die Ausdehnung meines Geistes außerhalb meines Kopfes zu sein."

Chris Bonington schließt in einem Buch nicht aus, daß Estcourt eine mediale Erfahrung hatte, die „entweder mit dem Tod eines Mannschaftsmitgliedes, der etliche Tage später stattfinden sollte, oder mit einer vergangenen Tragödie zusammengehangen hat: Estcourt hielt sich ganz in der Nähe der Stelle auf, wo ein Sherpa ,der im Herbst des Jahres 1972 sehr eng mit Nick zusammengearbeitet hatte, im Herbst 1973 in einer Lawine umgekommen war.'" (158)

Williamson war vorsichtiger bei der Bewertung der Botschaft, die nach der Expedition von der Bank of Scotland direkt an John Beloff geschickt wurde, einen namhaften Parapsychologen, der bei den Bergsteigern recherchierte. Der Schreiber des Briefes an die S.P.R. hält auch eine Koinzidenz für möglich – doch sei eine Koinzidenz etwas, was zusammentreffe, ohne daß jemand zuvor davon gewußt habe. Hier sei etwas sechs Monate vorher angekündigt worden. (159) Nur klang es eben ziemlich vage, daß sie „andere" sehen würden, die „in ihrem physischen Körper einfach nicht dasein können".

Telefonanrufe von Toten

Bei angeblichen Nachrichten aus dem Geisterreich muß man immer vorsichtig sein. Vielleicht hat einem die eigene Psyche einen Streich gespielt? Kann sich ein junger, zu Tode gestürzter

Bergsteiger per Telefon zu Wort melden? Die Gewährsleute der folgenden Episode sind D. Scott Rogo und Raymond Bayless, die für „Phone Calls from the Dead" (1979: Telefonanrufe von Toten) recherchiert hatten; sie bekamen den Fall von Dr. Thelma Moss vom Neuropsychiatrischen Institut der Universität von Kalifornien (UCLA) zugespielt:

„Die Frau, die den Telefonanruf erhielt und schon lange in Los Angeles lebte, hatte ihren Sohn sehr geliebt, der ein Bergsteigernarr war. 1975 besuchte er Indien, um einige der berüchtigt tückischen Gipfel der Himalayas zu erklimmen. Nur einige Wochen nachdem er begonnen hatte zu klettern, wurde er als vermißt gemeldet und nie wieder gesehen. Indische Beamte der Regionalverwaltung vermuteten, er müsse während seines Aufstiegs abgestürzt sein und erklärten ihn kurz nach seinem Verschwinden für tot. Sogar die ‚Los Angeles Times' druckte eine Geschichte über das befürchtete Unglück ab. Natürlich wurde die Frau, nachdem Dr. Thelma Moss das erste Telegramm über das Verschwinden ihres Sohnes erhalten hatte, von Panik geschüttelt. ‚Eines Nachts', sagte uns (Rogo und Bayless) Dr. Moss, ‚hatte sie versucht, die Polizei in der großen indischen Stadt, in der er sich aufgehalten hatte, anzurufen – ich glaube, es war Neu Delhi. Telefonische Verbindungen dorthin durchzubekommen ist sehr schwierig. Ich weiß es, ich bin dort gewesen und habe es versucht.'"

Der indische Telefonist sagte der verstörten Frau immer wieder, daß sie sie zurückrufen würden, wenn sie den Anruf durchstellen könnten. Das passierte auch, wie Dr. Moss den beiden Autoren erzählte:

„Es war reichlich spät in der Nacht, so um Mitternacht, glaube ich, als ihr Telefon läutete, und sie dachte, ‚Oh, Gott sei Dank'. Sie griff den Telefonhörer und hörte die Stimme ihres Sohnes sagen: ‚Hallo, Mutter'. Da sie dachte, daß es ihm gutgehe, sagte sie, ‚Hallo, wie geht's Dir?' Die Stimme sagte noch einmal, ‚Hallo, Mutter'. Sie versuchte, die Verbindung aufrechtzuerhalten, aber dann war da ein Klicken, und die Leitung war tot. Sie war sich sicher, daß es die Stimme ihres Sohnes gewesen war." (160)

106

Auch hier kam eine Botschaft von außen; und Kritiker würden dennoch behaupten, die Frau habe womöglich so sehnlich gewünscht, ihren Sohn zu hören, daß sie unverständliche Laute als seine Stimme interpretiert habe. In großen Höhen, in der Einsamkeit ist die Gefahr von Halluzinationen größer, wie wir aus Kukuczkas Bericht wissen, der dachte, mit dem Basislager gesprochen zu haben. Aber zu einfach darf man es sich auch nicht machen.

Scott D. Rogo schreibt, die meisten Phantomanrufer scheinen nur Interesse daran zu haben, Kontakt zu Lebenden herzustellen. Deren seelischer Zustand müsse „rezeptiv" sein. Die Anrufe von Wesen, die erst vor kurzem verstorben sind, gestalten sich kurz. Die längeren Gespräche stammen von Wesen, die schon „länger in der spirituellen Welt sind", wie der Spiritist sagen würde. Um den Kontakt herzustellen, täuschen sie vor, sie seien noch am Leben. Rogo erwähnt auch, daß es sich um elektrische Effekte handeln könne, um Psychokinese oder eben um die Erwartungshaltung eines Trauernden, der in einem Rauschen eine Stimme hört.

Massimo Biondi aus Rom hat nach der Lektüre von Rogos und Bayless' Buch weitere Fälle recherchiert. Er ist auf zwanzig Geschichten von rätselhaften Telefonanrufen gestoßen, von denen acht unerklärlich waren, sechs aber scheinbar von Lebenden kamen (die nichts davon wußten). Die Telefonanrufe scheinen eine Abart der Telepathie zu sein und stellen natürlich ebensowenig einen Beweis für das Leben nach dem Tod dar wie Erscheinungen. Gesichertes können wir, wie immer, darüber nicht sagen. (161)

Heilige Berge

„Es gibt Berge, die bloß Berge sind, und es gibt solche, die Persönlichkeit aufweisen", schreibt Walter Yeeling Evans Wentz. „Persönlichkeit besteht in der Kraft, andere zu beeinflussen, und diese Kraft ist der Konsequenz, Harmonie und Zielstrebigkeit des Charakters zuzuschreiben ... Falls diese Eigenschaften einem Berg innewohnen, wird er für uns zu einem Gefäß kosmischer Kraft, und wir bezeichnen ihn als heiligen Berg." (162)

Berge als Hort der Götter

Überall auf der Welt werden ausgewählte Berge als heilig und als Wohnstatt von Göttern angesehen, die über Wolkenspiel und Wetterlaunen ihre jeweilige Stimmung kundtun. Auf dem afrikanischen Mount Kenia lebt die Gottheit Ngai, der griechische Pantheon war auf dem Olymp angesiedelt, und Moses kam vom Berg Sinai mit den zehn Geboten herunter. Schiwa, der Welterhalter, hat seine Wohnstatt auf dem Kailas, und Buddha suchte bevorzugt das Vulture-Gebirge in Zentralindien auf. Der 7821 Meter hohe Nanda Devi soll Sitz der Hindugöttin Nanda sein, die von den indischen Brahmanen verehrt wird. Der mit fünf Gipfeln ausgestattete Wu-t'ai in der Provinz Schansi ist der personifizierten Weisheit gewidmet, dem Bodhisattva Manjusri.

Heilig ist natürlich auch der Chomolungma, wie Einheimische ihren Everest auf der tibetanischen Seite nennen, wie auch der zweithöchste Berg, der Kangchendzönga (K2). Er ist bekannt als die „Fünf großen Schatzkammern des Schnees", die gleichbedeutend sind mit den fünf Thronen der Leuchtenden Wesen. Heilige Berge sind oft vulkanischer Natur, wie der Fudschijama in Japan, der Pele auf Hawaii und der Mount

Shasta in Kalifornien. Denali oder „Mount McKinley", Tacoma oder „Mount Rainier", der Chimborazo (der „Wachtturm des Universums" für die Indianer), Orizabe und Citlaltepetl, Popocatepetl und Iztaccuihuatl in Mexiko … eine schweigende Versammlung heiliger Berge ragt aus dem Erdball.

Berge werden in der Mythologie als göttlichen Ursprungs gedacht: Kinder der Götter, aus den Knochen einer Gottheit, eines Heros oder eines Riesen gebildet, oder aus der Schulter der Erdgöttin geschaffen. Der „kosmische Berg" ist eine symbolische Schöpfung – die „axis mundi, wo Erde und Himmel sich treffen und Götter und Menschen von einem Bereich in den anderen wandern können". (163) Für die sibirischen Tataren und die Jakuten hat der kosmische Berg sieben Stockwerke, und sein Gipfel liegt auf dem Polarstern, am „Nabel des Himmels". Er ist ein Sinnbild des Kosmos, dessen sieben Stockwerke die sieben Planetenhimmel darstellen oder die Farben der Welt tragen.

Die Menschen sind hinaufgestiegen, haben unter Mühen Altäre errichtet und Opfer dargebracht und auf dem Berg haben sie ihren Göttern auch Wohnstätten errichtet: Die beeindruckendsten sind wohl die Tempelanlagen auf der Akropolis („Berg der Stadt") in Athen. Dort oben, im heiligen Bezirk, durften sich nur die Priester und Tempeldienerinnen aufhalten. Das Volk hatte nur an Festtagen Zugang.

Doch richtig nachvollziehen kann das Göttliche des Berges wohl nur der Bergsteiger, der unten vor der Masse eines weißen Siebentausender steht, dessen Gipfelgrate von Wolken umgeben sind, von Winden umweht werden. „Als ich während meiner Flucht von Indien nach Tibet auf den 6000 Meter hohen Guring-La kam, fand ich dort ein Meer von Steinmännern, und hier in der Einsamkeit und Größe der Landschaft verstand ich, daß in den religiösen Vorstellungen der Tibeter die Berge des Himalaja Sitz und Thron der Götter sind. Hier war auch der Ursprung ihrer eigenen Ahnen, und nach dem Tode würden sie dorthin zurückkehren. Weit über den Pässen, wo noch die bösen Geister ihr Unwesen trieben, hoch oben auf den eis-

bedeckten Gipfeln, thronten die segenspendenden Berggötter,"
schrieb Heinrich Harrer. (164)

Angesichts dieses Anblicks scheint nur noch Poesie ange-
messen zu sein. Eine Passage aus dem Buch „Kailas" von
Kerry Moran (Fotos: Russell Johnson) soll verdeutlichen, was
ein heiliger Berg für die Menschen bedeutet.

„Hier im Kailas ist das mythische Bild Merus, des großen
Berges im Mittelpunkt des Weltalls, verkörpert. (…) Für die
Pilger, welche ihn auf dem einundfünfzig Kilometer langen
Rundweg umwandern, ist der Kailas der in Eis und Schnee
verkörperte Meru, und ein einziger Rundgang wischt die Sünden des ganzen Lebens hinweg. Ihrem Glauben nach ist nicht
allein die Eiskappe des Gipfels, sondern die ganze Gegend
Wohnsitz der Götter und heiliges Land. Seine Weihe verdoppelt
sich noch durch die Nähe des Sees Manasarowar, eines vierund-
zwanzig Kilometer durchmessenden, tiefblauen Wasserauges
und einer der ältesten heiligen Stätten der Menschheit. See und
Berg sind die Kronjuwelen eines Landes des klaren Lichts und
der starken Farben, wie es die dünne Atmosphäre in vierein-
halbtausend Metern Meereshöhe erzeugt. Die kahlen, wind-
gepeitschten Ebenen, die Intensität des Himmels und die Reihen
der schneebedeckten Bergriesen bilden einen angemessenen
Hintergrund für die blendende Schönheit des Kailas." (165)

Dann wird man den Sherpa Norbu verstehen, der „heiligen
Reis" aus seiner Tasche zieht, betet, und den Reis über die
Schulter wirft mit der Erklärung: „Berggötter zufrieden."

Arlene Blum, die solches am Mount Everest erlebt hat, berichtet von einer Zeremonie am Annapurna: „Am Tage des Flaggen-
hissens standen die Sherpas im Morgengrauen auf und bauten
zwischen unserem Lager und dem Fluß einen gut einen Meter
hohen, rechteckigen Steinaltar. Am Tag zuvor hatten sie Birken-
zweige vom Ufer des Miristi Khola heraufgeholt. Direkt nach
dem Frühstück häuften sie die Zweige auf dem Altar auf und
zündeten sie an. Während wir zusahen, zog Chewang sorgfältig
leuchtende Girlanden, jede aus Dutzenden roter, blauer, grüner
und weißer Gebetsfahnen zusammengestellt, vom Altar in der
Mitte zu drei großen Stangen, die in gleichmäßigen Abständen

110

etwa 15 Meter vom Altar entfernt waren. Pasang stand bei den Flammen und betete intensiv, während die anderen Sherpas mit großem Enthusiasmus heiligen Reis über alle ausstreuten. Als Pasang 15 Minuten gebetet hatte, stellten die anderen ihre Stangen auf, so daß die Fahnenbänder wie die Speichen eines Rades über uns hingen. Genau in diesem Augenblick kam die Sonne heraus und gab den Blick auf den Gipfel des Annapurna über uns frei. Ein gutes Omen! Offensichtlich freuten sich die Berggötter über die Zeremonie." (166)

Das Geheimnis, die Einsamkeit, das Entrücktsein

In unserer Zeit ist der Berg immer noch ein mächtiges Symbol. Das Göttliche ist aus unseren Beschreibungen verschwunden, nicht aber die Poesie. Eine ergreifende Interpretation eines Berges, eines Bergbildes hat uns Dieter Wellershoff in dem Buch „Blick auf einen fernen Berg" geschenkt, das das lange, quälende Sterben seines Bruders nachzeichnet. Der Mont Saint-Victoire bei Aix-en-Provence ist ein Berg, den Paul Cézanne von 1885 bis 1906 fünfzigmal gemalt hat, bei wechselndem Wetter, bei verschiedenen Stimmungen. Dieser Berg war für den Maler das größte Modell.

Wellershoff schreibt, das Bild von Cézanne sei „wie durch eine unsichtbare Glaswand vom Betrachter getrennt. Hinter dieser Scheibe sieht man das stumme Für-Sich-Sein einer menschenfernen Welt. Vom Betrachter getrennt durch eine Schlucht und eine Felsbarriere, die den Mittelgrund des Bildes füllt, erhebt sich in unbestimmter Ferne, aber in seiner Unerreichbarkeit unheimlich nahe gerückt, das graublaue Bergmassiv in den Himmel und bildet nicht nur den Hintergrund des Gemäldes, sondern zeigt sich dort wie eine Erscheinung an der Grenze der Welt. Dahinter kann nichts mehr vermutet werden als ein bodenloser Abgrund unter einem leeren Himmel. Der Berg selbst ist ein unerschlossenes Geheimnis, das letzte unerreichte Erreichbare, das zu uns herüber droht und ruft. (...) So wie der Maler das Motiv gemalt hat, ist er der am weitesten vorgeschobene menschliche Posten. Von seiner Stelle aus schaut man ins Unbekannte. Was man dort sieht, ist etwas tief Zweideutiges, nie sicher in Besitz zu Nehmendes, ein Trugbild zwischen Wahrnehmung und Traum." Der Autor bringt das Bild mit dem bevorstehenden Tod des Bruders in Verbindung: „Andere Betrachter mögen das Bild anders empfinden und verstehen. Für mich indessen verbarg und zeigte sich in der Erscheinung des Berges das innere Objekt Cézannes, in dem alles Erwünschte, Lockende und Drohende in eins gefaßt waren. Der Berg in seiner unbestimmten Entfernung und unabweisbaren Mächtigkeit war das Bild des vorausschwebenden, manchmal nahegerückten und sich wieder entziehenden Lebenstraums, dessen noch verhülltes Geheimnis der Tod ist." (167) Zwar ist der Berg kein Gott mehr, aber immer noch steht er zwischen Wirklichkeit und Traum, zwischen Leben und Tod.

Besonders in der Einsamkeit großer Höhen wird das Gefühl des Überirdischen, Entrückten übermächtig. Die Welt dort oben ist eine andere, ist eine feindliche, stumme, geheimnisvolle Welt. Auch einen Menschen, der nicht an Gott glaubt, ergreift etwas wie ein Schaudern – wie vor einer Gottheit. Geoffrey Winthrop Young schrieb: „Wir schienen die Erde verlassen zu haben, über irgendeine Ecke gerobbt zu sein und schienen auf einem Mond aus halb gefrorenen Nebeln in den Raum zu gleiten, der so leblos und fern wie der wirkliche Mond war. Ich fühlte mich gezwungen, vorsichtiger aufzutreten, meine Steigeisen geräuschlos aufzusetzen, als wollte ich jede Störung in dieser feindlichen Stille vermeiden." (168)
C. F. Meade beschreibt: „Als wir höher ins Unbekannte kletterten und tiefer in die geheimen und unbekannten Regionen des großen Berges vordrangen, wich die gewöhnliche Realität des alltäglichen Lebens von der Landschaft, während sich das Gefühl von Romantik und Geheimnis vertiefte. Es war, als ob der sich allmählich verdichtende Schleier unsere Erinnerungen aus der normalen Welt zurückdrängte. In der fremden neuen Welt, derer wir uns teilweise bewußt zu sein schienen, kam alles zusammen, um den Eindruck der fantastischsten Unwirklichkeit zu erzeugen: die Kraft der Sonnenstrahlen, das blendende Licht, das vom Schnee reflektiert wurde, die wilde

Kälte, die Klarheit des tiefen blauen Himmels und auch die magische Reinheit und Leere der Luft. Dennoch herrschte bisweilen eine andere Stimmung vor. Es war, als ob unser normales Meereshöhen-Bewußtsein als Schleier der Illusion wirkte, so daß erst in großen Höhen, an solchen Orten wie diesem, der Schleier der Illusion dünn genug wurde, damit die wahre Realität beginnen konnte, hindurchzuscheinen: übernatürlich, unglaublich und unverstehbar." (169)

Kann ein Mensch derselbe bleiben, nachdem er dort oben war? Reinhard Karl schilderte seine Stimmung nach dem Everestabstieg nüchtern: „Ich hatte ziemlich Schwierigkeiten, mich wieder in Heidelberg einzugewöhnen, ich war richtig emotionslos. Ich brauchte ein paar Monate, um wieder richtig ‚da' zu sein. Es war, glaube ich, nicht die dünne Luft, die mich so traurig-depressiv machte, sondern eher das Drei-Monate-Alleinsein. Zwar war ich immer mit Menschen zusammen, aber als Einsamer unter Menschen. Der Berg, den ich unbedingt besteigen ‚mußte' und der doch so auf mein Gemüt drückte, verstärkte dieses ‚Ich allein, der Berg und alle gegen mich'-Gefühl." (170)

Darum wieder hinauf zum Everest, wo Frank Smythe Folgendes empfunden hat: „Es war kalt. Der Raum, die Luft, die wir atmeten, die gelben Felsen waren tödlich kalt; es lag etwas abgrundtief Leidenschaftsloses, Ewiges in dieser Kälte. Es drang zu uns in Form eines einzigen fortwährenden Tones aus den Tiefen des Raumes." (171) Der polnische Bergsteiger Kukuczka meinte: „Es ist wahr, daß dort das Beten natürlicher, einfacher ist. Die Berge lassen die Gefühle stärker werden. (…) Im Gebirge habe ich Leute beten sehen, die nie in die Kirche gingen." (172)

Albert Frederick Mummery hat sich am Dych Tau im Kaukasus überlegt: „Es liegt ein ganz eigener Zauber in solchen ungeheueren, nie betretenen Riesen, besonders wenn man sie im langsam schwindenden Tageslicht sieht, das ihnen einen Mantel von Würde um die Schultern schlingt. Man vergißt auf Spaß und lose Worte, die wie eine Entweihung klingen würden und schaut demütig zu den ungeheueren Klippen empor, mit demselben Gefühl, mit dem ein frommer Pilger vor einem geheiligten Schrein betet." (173) Herbert Tichy schließlich, der alpine Philosoph, schrieb 1954 auf dem Gipfel des Cho Oyu: „Die Welt schien mir durchtränkt mit einer bislang unbekannten Güte und Milde. Die Grenzen zwischen mir und dem Rest der Schöpfung hörten auf zu bestehen. Die Naturerscheinungen Himmel, Eis, Gestein, Wind und ich, die jetzt das Leben ausmachten, waren ein untrennbares und göttliches Ganzes. Ich selbst fühlte mich – der Widerspruch liegt auf der Hand – so mächtig wie Gott und gleichzeitig so unbedeutend wie ein Sandkorn." (174) Diese Erfahrungen darf man getrost als „mystisch" bezeichnen.

Berge als Ursprung überirdischer Kraft

Weil die Berge als heilig galten, stieg der Mensch hinauf, um sich Kraft zu holen. Heute haben viele im Zuge des New Age Berge als „Orte der Kraft" entdeckt und hoffen auf Erneuerung und gute Schwingungen.

Auf dem Berg Cuchama legten sich die indianischen Jünglinge schlafen, die an der Schwelle zum Mannesalter standen. Ein Traum enthüllte ihnen das ihnen zugedachte Los mit traumwandlerischer Sicherheit. Der Berg als Sinnbild der Gottheit verhieß und verlieh Führung, Zukunft und den Lebensweg. Die Indianer unterzogen sich der Initiation, um bewußt die Verbindung mit dem Unbewußten herzustellen. In vielen Kulturen ist die „Vision Quest" oder die „Spirit Quest" bekannt, die Suche nach der Vision und dem leitenden Geist. Sie konnte bis zu einem Jahr dauern, in Isolation und bei monotonem Trommeln. Die Suche galt oft als ein Passagen-Ritus (rite de passage) auf dem Weg zum Erwachsenwerden.

Der bereits erwähnte Pilgerweg um den Berg Kailas reinigt den Menschen von seinen Sünden und läßt ihn die heiligen Dinge betrachten. Den heiligen Berg Arunachala in Südindien soll der Pilger barfuß umrunden, um die segensreichen Strömungen ungehindert aufnehmen zu können. Doch barfuß zu sein, heißt auch, Demut zu bezeugen vor dem Göttlichen, die eigene Verletzlichkeit einzugestehen. „Mose, Mose!" ruft Gott aus dem Dornbusch auf dem Gottesberg Horeb. „Komm nicht näher heran! Leg deine Schuhe ab; denn der Ort, wo du stehst, ist heiliger Boden." (175)

Kräfte aufzunehmen gelingt angeblich auch durch Auflegen der Handflächen oder das Pressen des Rückens an einen Baum, wie die New-Age-Szene glaubt, die Mitte der achtziger Jahre aufkam und in Kalifornien ihren Ursprung hatte.

Moderne Mystiker benutzen den Bell Rock, um psychische Energien auszugleichen. Menschen, die sich an dem Felsen festhalten und dabei meditieren, haben bekundet, Kontakt mit Geistführern erhalten zu haben, die sie zu höheren Ebenen geleiten. Der Felsen liegt in der Nähe von Sedona, der legendären New-Age-Kapitale, 190 Kilometer nördlich von Phoenix im Südwesten von Arizona. Der Cathedral Rock (Kathedralen-Fels) ist nur etwas mehr als 300 Meter hoch, ebenfalls in der Sedona-Gegend gelegen und scheint nachts zu glühen. Die roten Felsen dort besitzen einen hohen Eisengehalt und werden unter Druck elektrisch. Kein Wunder, daß viele Meditierende außerirdische Kräfte verspüren und meinen, Botschaften aus anderen Welten zu empfangen. Am 4650 Meter hohen Mount Shasta im Siskiyou County mit seinen Zwillingsgipfeln trafen sich am 16. August 1987 Tausende zu einer internationalen „Harmonischen Konvergenz", um der Menschheit Frieden zu bringen. (176)

„Seit mehr als einem Jahrhundert haben Okkultisten behauptet, daß diese besonderen heiligen Berge in Wirklichkeit Energiezentren sind, die kosmische Kräfte aus dem All sammeln und sie in die ‚Adern der Erde' pumpen, das Energienetz, das sich aus Ley-Linien zusammensetzt. Beobachtungen von heiligen Bergen bestätigen diese Annahme. Zu bestimmten Zeiten des Jahres, wenn die Energie auf ihrem Maximum ist, werden oft seltsame Lichter und andere Phänomene an diesen Orten beobachtet", schreibt Nigel Pennick, ein englischer Fachmann für Erdenergie. (177)

Der elsässische Rutengänger und Autor Adolphe Landspurg hat schon in mehreren Büchern seiner Reihe „Orte der Kraft" Berge, Landschaften und Täler vermessen; darunter im Elsaß, Südbaden und dem Katharerland. „Orte der Kraft sind Stellen, von denen eine sehr starke Vibration ausgeht", definiert er. „Viele von ihnen stimmen mit alten, megalithischen, keltischen oder druidischen Kultorten oder auch Bauten des Templerordens überein. Ein Tempel, eine romanische Kirche oder eine Kathedrale können ebenso Orte der Kraft darstellen." (178) Vielleicht haben es die Priester in früheren Zeiten gespürt, wenn ein Ort eine magische Ausstrahlung hatte. Mit Elektromagnetismus ist diese Qualität sicher unzureichend umschrieben.

Der Berg als Person

Im Alten Peru wurden Bergen und bestimmten Steinen heilende oder krankmachende Kräfte zugeschrieben. Ein Zeuge berichtete, „daß die Steine (guancas) verärgert seien und es deshalb Krankheiten gäbe, schlechte Saat, und es nicht regnen würde, weshalb sie Opfergaben darbrachten, um sie zu besänftigen." Einem Hügel namens Huamantinga boten Indios Koka, Fett, Chicha und weißen Maisbrei an und sagten: ‚Huamantinga, trink dieses Blut, damit die Krankheit aufhört.' „In Onas erklärte Vicente Napuri, daß ihn seine Frau, als er krank war, am Rücken aufstützte, und er habe vom Bett aus zum Berg Saylla gesagt: ‚Herr, gib mir Leben und Gesundheit.'" (179)

Berge, gefährlich, fern und im Widerspiel des Wetters sind unberechenbar und kein gutes Objekt für exakte Wissenschaften. Sie haben Namen erhalten, und alles, was Namen trägt und sich der Berechnung entzieht, erhält menschliche Züge. Besonders Wetterberge wurden gerne personifiziert. Die Gestalten der Wolken wurden Mantel, Kragen oder Degen genannt. „Bezeichnend sind", heißt es im Handwörterbuch des Deutschen Aberglaubens, „Namen wie Altvater, Mönch, Jungfrau und zahlreiche Beinamen auf -er wie Glockner, Eiger, die wie Personennamen gebildet sind". (180) Auch der Watzmann ist ein gutes Beispiel.

Berge, unberechenbar und scheinbar lebendig. Aus Eis entstehen sie zu Hunderten im Meer. „Zu den herrlichsten Erlebnissen gehört es, auf sonnenbestrahltem Meer einem Eisberg zu begegnen. Mit spitzen Zinnen und Türmen wie ein bizarrer Schloßbau bewehrt, gleitet das riesenhafte Gebilde vorüber, von der Sonne mit glitzernden, in Farben spielenden Lichtern übergossen." (181) Doch der schöne Eisberg ist beweglich und gefährlich. Und die Vulkane! Wer an den Hängen von Vesuv, Ätna oder Stromboli lebt, weiß nicht, wann einer der Berge ausbricht; es kann morgen geschehen oder erst wieder in fünfzig Jahren. Unberechenbar ist der Berg, wie der Mensch, weil wir noch zu wenig von ihm wissen.

Im heutigen peruanischen Volksglauben sind Berge (apus, aukis, wamanis) lebende Wesen, schreibt Walter Andritzky. „In Vollmondnächten unterhalten sich die Berge mit metallenen Stimmen, und in einem mystischen Tauschhandel tragen ihre Lieblingstiere, die Vicunas, diese Schätze zwischen ihnen hin und her." (182)

In unserer Zeit wird die Expedition zum Kampf des einzelnen gegen den Berg als Persönlichkeit. Der „Schicksalsberg" K2; der Berg hat ihn geholt; er „gab ihn nicht wieder her". Früher klang alles noch heroischer, doch Reinhard Karl schreibt noch: „Das Geheimnis liegt in den Worten: ‚Ich habe den Gasherbrum II gemacht.' Wenn ich jetzt umdrehe, dann habe ich den Gasherbrum II nicht gemacht. Dann war alles sinnlos. Versteh wer will, aber es ist so." (183)

Auch Jerzy Kukuczka hat das Bergsteigen – er erklomm alle vierzehn Achttausender – als Zweikampf verstanden. „Während meiner Unternehmungen im Himalaya wurde ich zweimal besiegt, nur zweimal. Einmal am Nanga Parbat und später an der Südwand des Lhotse. An ersterem habe ich mich bereits ‚gerächt', die Lhotse-Südwand dagegen wartet noch auf mich." (184) Über die Opfer äußert er sich so: „Der Berg suchte sie sich aus, wie der Henker seine Opfer in der Menge wählt, die sich zu Füßen des Königs drängt und auf die Begnadigung wartet." (185) Am 24. Oktober 1989 besiegte ihn diese Lhotse-Südwand: Kukuczka stürzte in den Tod, dreitausend Meter tief.

Energie strömt vom Berg – Feng Shui

Die Chinesen beschrieben schon vor mehr als eintausend Jahren die magische Ausstrahlung „elektrisierender" Orte mit der Wirkungsweise des Ch'i: der kraftspendenden Energie. Das Wort heißt Atem, Luft, Strömung. Das Gegenteil ist Sha, der giftige Atem. Ch'i verläuft sanft und gewellt, Sha eckig und gerade.

Mit ihrer Feng-Shui-Lehre haben die alten Chinesen ein System entwickelt, wie es sich in totaler Harmonie mit sich selbst und der Umwelt leben lasse. Die Berge spielen darin eine nicht unerhebliche Rolle. „Klassiker über die Kunst, den Drachen zu wecken" heißt das berühmt gewordene Buch von Yang Yün-Sung (840–888). Im Feng Shui muß jemand, der ein Haus baut, zunächst den azurblauen Drachen finden – „Finde den Drachen, und du hast den Schlüssel zum Feng Shui des Wohnsitzes". Feng Shui bedeutet „Wind und Wasser", übertragen auch „Beschaffenheit der Landschaft", und der Drache ist ein Berg, der sich über andere erhebt, einen steilen Hang hat und im Osten, Nordosten oder Südosten liegt.

Die gute Energie fließt nach dem Glauben der Chinesen entlang der Drachenlinien, entlang den Adern. Flaches Land ist leblos, ihm fehlt Ch'i. Glückbringend sind fließendes Wasser, das Sonnenlicht und starker Wind (nicht jedoch kalter Wind): Sie transportieren die gute Energie. Es geht nun darum, die Stelle zu ermitteln, an der sich der Drache mit dem „weißen Tiger" vereinigt, einem niedrigeren Hügelland möglichst im Süden. Stephen Skinner erläutert die Vorgehensweise genauer, die der Vereinigung des männlichen und weiblichen Prinzips entspricht: „Die größte Erzeugung von Ch'i findet an dem Punkt statt, an dem die Unterleibe des Drachens und des Tigers im Geschlechtsverkehr miteinander vereinigt sind. Die sexuelle Beschaffenheit des Ortes, wo es einen ‚plötzlichen Übergang vom männlichen zum weiblichen' gibt, ist die Verbindung zwischen Ch'i bezogen auf den Körper der Erde und Ch'i bezogen auf den Körper des Menschen: In jedem Fall ist es dieselbe Kraft, die im Geschlechtsverkehr erzeugt wird." (186)

Auch in China gibt es die Sage von einem Gott, der vor 18 000 Jahren gelebt haben soll. Sein Kopf teilte sich und wurde zu Sonne und Mond, sein Blut wurde zu den Flüssen und Seen, sein Haar die Pflanzen, seine Knochen die Berge, seine Stimme der Donner, sein Schweiß der Regen, sein Atem der Wind – und seine Flöhe die Vorläufer des Menschen.

Sarah Rossbach merkt dazu an: „Feng Shui bleibt ein Geheimnis. Manchmal mag es der modernen Idee der sich selbst erfüllenden Prophezeiung ähneln, der Medizin oder bloß gutem Design. Doch manchmal müssen auch alle logischen Erklärungen scheitern." (187) Raymond Lo meint sogar, daß Erscheinungen und Spuk das Resultat schlechten Feng Shuis seien.

Feng Shui hilft, seinen Platz im Universum zu finden und ihn zu verbessern. Experten messen aus und ermitteln, wie Ch'i gut fließen kann. Die Lage des Hauseingangs ist ebenso wichtig wie die Lage der Räume und ihre Inneneinrichtung. Der Süden entspricht dem Feuer, dem Herzen, der Farbe Rot; der Westen dem Metall, der Lunge, der weißen Farbe; der Norden dem Wasser, den Nieren, der Farbe Schwarz; und der Osten dem Holz, der Leber und den Farben Blau/Grün. Auch das Horoskop des Haushaltsvorstands spielt eine Rolle, wenn es um die Inneneinrichtung geht.

Auch ein Feng-Shui-Experte würde einen Weg zum Gipfel aufspüren können, der ihm am glückbringendsten erschiene. Er würde Wetter, Lage des Grats und Tageszeit heranziehen, aber auch noch weitere Parameter – und es wäre vielleicht derselbe Weg, für den sich der erfahrene Bergsteiger entscheidet, der sich auf eine Kombination auf Wissen, Erfahrung und Gespür verläßt. Es sind nur zwei Arten zweier verschiedener Kulturen, das Richtige herauszufinden.

Der Berg und das Geheimnis

Der Volksglaube hat sich immer schon pessimistischer und realistischer als Märchen und Mythologie gegeben. Für ihn werden Berge von zwielichtigen Gestalten bewohnt, sind sie Tummelplätze von Dämonen und bösen Geistern. Denn oft gebärdete sich der Berg ungnädig und forderte Opfer. Berge erscheinen als unheimlich und als Tabulandschaften. Drachen, Trolle, Riesen, Zwerge und Hexen leben angeblich dort oben. „Im Märchen dagegen", heißt es in der Enzyklopädie des Märchens, „findet man statt solcher abschreckender Bilder eher wunderbare Berge aus Gold, Silber, Kristall, Edelsteinen oder Elfenbein". (188)

Berge als Heim von Dämonen und Toten

Die Berge sind eine mächtige Grenzregion zwischen dem Profanen und dem Heiligen. Dort oben kann der Mensch Gottheiten begegnen, aber auch den Geistern der Toten. Nach japanischem Glauben ist dies den Wanderpriestern möglich, den Yamabushi. Viele von ihnen werden Schamanen und geben sich der Aufgabe hin, die Lebenden vor den wütenden Seelen der Toten zu beschützen.

Geister auf Bergen gelten im allgemeinen als besonders boshaft und gefährlich, ist im Handwörterbuch des deutschen Aberglaubens nachzulesen. (189) Der Pilatus in der Schweiz ist als Versammlungsort von bösen Geistern bekannt, weshalb man ihn früher nicht besteigen durfte. Hexen treffen sich auf den Bergen, werden dort jedoch von jungen Burschen ausgepeitscht oder durch Peitschenschläge vertrieben. Viele Berge haben Lokaldämonen, wie der Volkskundler die Berggeister lieber nennt. Auch Menschen, die im Leben Unrecht taten, konnten auf Berge gebannt werden, wo sie fortan als Geister umgehen mußten.

In den Bergen hausen die Toten. Im Altnordischen war „in den Berg gehen" ein Ausdruck für sterben. Mehrere Berge in Skandinavien heißen Walhall, also Halle der Schlachttoten. In Deutschland wurde geglaubt, die Seelen (das „wilde Heer") ruhten im Berg. Die Totenschar im Berg kann – etwa im Untersberg – von Lebenden besucht werden. Nach einer Sage hat ein Wilddieb die Toten in einer Nebelkirche auf dem Berg Messe halten sehen und hören, er mußte neun Tage später sterben. (190) Sehen konnte man Engel und alle Verstorbenen bevorzugt am Karfreitag. Die Mexikaner glauben, daß sie um die Tage unseres Allerheiligenfestes „Ausgang" haben.

„Wir Toten, wir Toten sind größere Heere / als ihr auf der Erde, als ihr auf dem Meere" – so beginnt das Gedicht „Chor der Toten" von Conrad Ferdinand Meyer. Die Vorstellung, daß alle Gestorbenen – irgendwo müssen sie ja Platz finden – im Berg ruhen, ist in früheren Zeiten lebendig gewesen; zuallererst natürlich in Irland, wo die Feen als Geister von Toten an den Bergen auftauchen.

In dem angeblich wahren Bericht eines Mannes, der im Jahr 1684 in dem Buch „Pandaemonium" veröffentlicht wurde, reitet ein Mann nach Hause und sieht auf der Seite eines Berges bei Chard eine große Menschenmenge, die „ihm vorkam wie Landvolk, das zu einem Jahrmarkt zusammengekommen war. (…) Er wunderte sich sehr und fragte sich, was dies wohl zu bedeuten habe. Schließlich kam ihm in den Sinn, was er über die Feen auf dieser Seite des Berges gehört habe, und da er sich in der Nähe der Straße befand, die er einschlagen mußte, entschloß er sich, mitten in sie hinein zu reiten und zu schauen, wie sie aussähen.

Er lenkte sein Roß also in diese Richtung, und obwohl er die Feen den ganzen Weg über perfekt sehen konnte, nahm er nichts wahr, als er an dem Ort eingetroffen war, wo er dies alles gesehen hatte, nur schien alles dicht gedrängt zu sein, wie wenn man durch eine Menschenmenge geht. Der Rest war ihm unsichtbar, bis er eine kleine Entfernung erreicht hatte, und dann schien es ihm wieder wie zu Anfang. Er bekam Schmerzen und eilte heim; wo, als er ankam, eine Körperseite lahm wurde, und das blieb so sein Leben lang." (191)

In der Nähe des erwähnten irischen Bergriesen Ben Bulben war es, daß Pat Ruddy Unerhörtes sah: „Ich verließ Bantrillick, um heimzureisen, und in der Nähe des Ben Bulbin war die größte Armee, die man je gesehen hat, fünftausend oder sechstausend Mann in glänzenden Rüstungen im Mondlicht." Die Armee der Feen! (192)

In Bayern ist die „Wilde Jagd" bekannt. Es war ein Geisterheer, angeblich von dem germanischen Gott Wodan oder einem anderen Wilden Jäger zu Pferde angeführt, das „unter Geschrei, Peitschengeknall und Hundegebell über Feld und Wald" zog, immer denselben Weg nahm und unweigerlich mit sich riß oder tötete, wer im Weg stand. (193)

Noch deutlicher wird uns die Geschichte der Unerlösten, der verdammten Seelen in einer Erzählung von Johann Georg Lehmann aus der „Geschichte des Klosters Limburg" (1822). Sie trägt den Titel „Die Geisterschlacht bei Neuleiningen":

„In der ersten Hälfte des zwölften Jahrhunderts ließ sich bei Neuleiningen ein seltsamer Spuk vernehmen. Aus einem Berg kam in gewissen Nächten eine bewaffnete Geisterschar hervor, um auf der nahen Ebene eine große Schlacht zu schlagen. Es kam jedermann vor, als stritten sie zu Fuß und zu Roß mit großem Getöse. Deutlich hörte man das Klirren der Waffen, das Schnauben und Stampfen der Rosse, das Stöhnen und Wehklagen der Verwundeten. Mit der neunten Stunde zog jedesmal das ganze Heer in den Berg zurück. Drei Jahre lang dauerte dieses Wesen, und obwohl viele Menschen, gelehrte und ungelehrte, herzukamen, es mit anzuhören, so wagte doch niemand, dieser Geisterschlacht sich zu nahen.

Endlich kam der Abt Rupert vom Kloster Limburg bei Dürkheim, ein gelehrter und frommer Mann, und wartete eines Abends unter Gebet auf die Geister. In Schlachtordnung rückten sie aus dem Berg hervor und kämpften länger und wütender als je. Als sie nun um neun Uhr den Rückzug antraten, stellte sich ihnen Abt Rupert an dem Berg gegenüber und beschwor

122

sie im Namen Jesu, haltzumachen und ihm Rede zu stehen. Sie standen, und er fragte, wer sie seien. Da sprach der vorderste derselben: ‚Wir sind die armen Seelen derer, die vor etlichen Jahren im Kampfe gegen ihren rechtmäßigen Fürsten gefallen und unbegraben an diesem Berge liegengeblieben sind. Du siehst unsere Waffen, das Flämmchen aber, das du siehst, ist ein unerträgliches Feuer, das uns martert.' Der Abt fragte, ob sie nicht erlöst werden könnten: ‚O ja,' sagte jener: ‚durch Fasten, Beten, Almosen geben und Messelesen.' Darauf schrien alle zusamme: ‚Orate pro obis! Orate pro nobis!' und wurden ein Feuer und eine Flamme, bis sie im Berg verschwanden.

Dreißig Tage lang ließ der Abt täglich dreißig Seelenmessen lesen, dann begab er sich wieder auf das Schlachtfeld der Geister, aber diese kamen nicht mehr zum Vorschein, und statt des wilden Getöses und Klagens hörte er ihren Jubelgesang in der Höhe." (194)

Bergentrückt

Oft sind auch bedeutende zeitgeschichtliche Personen an einen Berg gekettet – nicht auf ihn gebannt sind sie, sondern in ihm entrückt schlafen sie: bergentrückt. Diese Sagen existieren „allenthalben auf germanischem Boden", wie das 1936 in Druck gegangene Handwörterbuch des Deutschen Aberglaubens weiß. Karl der Große wird in vielen deutschen Bergregionen genannt, Prinz Karl im Fichtelgebirge und in der Schweiz, und häufig auch Barbarossa. Kaiser Friedrich Barbarossa (Rotbart) sitzt bei Harzburg sogar mit Kaiser Otto und Kaiser Heinrich im Berge, und sein roter Bart ist um oder durch den Tisch gewachsen. Dies versinnbildlicht den magischen Schlaf des Helden, der meist ein Gefolge bei sich hat, das wie der Anführer schläft und nur zu bestimmten Zeiten aufwacht, tafelt, ausreitet oder Jagen geht.

Im Berg entrückt sind große Herren, wenn sie verdammt wurden, oder auf der Flucht vor Feinden ins Berginnere geflohen sind. Wenn aber der Bart des Helden dreimal, siebenmal oder neunmal um den Tisch gewachsen ist, steht das Jüngste Gericht bevor oder die entscheidende Schlacht gegen das Böse. (195) Es könnte sein, daß die Kriegshelden und Könige an die Stelle der Götter getreten sind, die früher auf den Bergen gelebt haben sollen. Einen Kaiser im Berg unterzubringen ist auch eine Art, ihm die Unsterblichkeit zu sichern. In unseren Tagen haben nie die Gerüchte aufgehört, James Dean oder Elvis Presley seien gar nicht tot, sondern lebten irgendwo weiter: schrecklich entstellt oder mit neuem Gesicht versehen. Das ist eine neue, realistische Version des Mythos von der Bergentrückung. Wer im Berg die Helden schaut, kommt meist nie mehr wieder. Bei den Toten herrscht nicht die irdische Zeit; wer doch einmal zurückkommt, hält die Luft und die Sonne der Erde nicht mehr aus.

Der Tod und der Berg

„Er blieb am Berg", sagt man, und von all diesem Glauben an Geister am Berg bleibt uns nur noch ein leichtes Gruseln, wenn der Berg einen Toten „nicht mehr hergibt" oder eine Leiche nach Jahrzehnten im Eis wohlbehalten und jung wie einst wieder auftaucht: „Im September 1962 fanden zwei Schweizer Nordwandgänger den kalten Körper von Karl Mehringer, jenes Münchners, der siebenundzwanzig Jahre zuvor als erster Mensch in der Kälte des Eigers erfroren war. Seine Leiche war wohlerhalten." (196)

Auf diesen Seiten ist der Tod oft vorgekommen, vielleicht zu oft. Aber in der Todeszone begleitet er den Alpinisten, der zwar weiß, daß ein falscher Schritt das Ende bedeuten kann, und doch nicht immerzu an den Tod denken darf.

Einer von zehn Himalaja-Bergsteigern bleibt oben, und „fünfzig Prozent einer Bergsteigergeneration – bezogen auf die Spitzenleute – kommen nicht mehr zurück", meint Hans Kammerlander. In den achtziger Jahren habe jede dritte Expedition einen Todesfall zu beklagen gehabt, schrieb Wanda Rutkiewicz 1989 (heute selbst am Berg verschollen) in einem Nachruf auf Kukuczka. „Allein von den 50 Alpinisten, die in der ‚Hitliste' der erfolgreichsten Achttausenderbergsteiger genannt sind, leben zwölf bereits nicht mehr. Die meisten Todesfälle passieren an den hohen Achttausendern, über 8500 Meter." (197)

Rutkiewicz versuchte damals, mit einem Satz alle Kritiker des Alpinismus zu entwaffnen: „Wenn jemand auf die Frage ‚Warum leben wir?‘ eine gute Antwort geben wollte, dann könnten auch die Bergsteiger sagen, warum sie in die Berge gehen." Eine schier endlose Kette von Verlusten spannt sich vom Absturz des Lord Francis Douglas, Reverend Charles Hudson, Douglas Hadow und Michel Croz nach dem Gipfelsieg auf dem Matterhorn am 14. Juli 1865 bis zum Verschwinden der englischen Spitzenalpinistin Alison Hargreaves, der ersten Frau ohne Sauerstoff auf dem Everest, im Sommer 1995 am K2 – und bis heute.

Kein Wunder, daß der Tod und der Berg eine untrennbare Verbindung eingegangen sind. Man denke an das Buch „Der Tod als Seilgefährte" von Walter Pause, ein alpiner Klassiker, aber auch ein Schocker, der einen frösteln läßt. Denn Pause analysiert die Fehler, die zu (meist tödlichen) Bergunfällen führten. Aber man muß keine groben Fehler machen; jedem, der dort oben klettert, muß klar sein, daß die Grenze hauchdünn ist, die ihn vom Nicht-mehr-Sein trennt.

Auch Hans Kammerlander, ein Südtiroler Extrembergsteiger, ließ sich in seinem Buch „Abstieg zum Erfolg" über den Tod aus.

„Am späten Vormittag der Gipfelgrat. Neben einem Felsblock treffen wir auf einen roten Biwaksack, dem Volumen nach mit Inhalt. Der Reißverschluß ist zugeeist. Ich zerreiße die Perlonhülle mit einem Pickel. Drinnen sitzt ein Toter, mit Daunenzeug angetan und Steigeisen an den Füßen. Es bereitet Mühe, den Mann aus dem eisigen Untergrund zu hacken, der ihn bereits zur Hälfte umschließt. Dann geben wir dem traurigen Bündel etwas Fahrt und lassen es an einem Seil hinab in eine Gletscherspalte." (198)

„Beim Aufbruch von Lager 2 zum Gipfel des Makalu am 25. 9. 1986 sahen wir mit dem Fernglas in der Nähe des höchsten Punktes eine Gestalt abwärts steigen. Es war Marcel Rüedi. Er hatte eine Nacht ohne Biwakausrüstung in Gipfelnähe verbracht und schien sichtlich erschöpft und langsam. Trotzdem war klar, daß wir innerhalb einiger Stunden mit ihm zusammentreffen würden, da wir alle auf der gleichen Route unterwegs waren. Es wurde eine Begegnung der anderen Art. Knapp unter 8000 Meter Höhe stießen wir zu Marcel, der bewegungslos und leicht vornübergebeugt im Schnee saß. Der starke und so lebensfreudige Spitzenbergsteiger, den wir wenig vorher noch absteigen gesehen hatten, war tot." (199) Und weiter? „Am Gasherbrum II eine Leiche neben der Spur. Am Annapurna, unweit des Basislagers, eine Hand im Schnee, skelettiert. Am Makalu, im Winter 1985, zwei Franzosen, einer abgestürzt aus 7000 Metern, einer erfroren eine Gehstunde weiter oben. Am Lhotse ein Schweizer Arzt, mitgerissen von einer Lawine, am Makalu '86 ein Amerikaner, beim Abstieg einfach liegengeblieben in einer Geröllhalde. An allen bin ich vorbeigekommen, habe nachgedacht, gegrübelt. Dann habe ich beerdigt, so gut es ging, da in einer Spalte, dort im Schnee, oder einfach nur die Habseligkeiten zurückgeschickt in die Heimat. Einige Male bin ich auch stumm vorbeigegangen wie mehrere Expeditionen vor mir, unfähig, etwas zu tun. Die Achttausender als Müllhalde menschlicher Schicksale? Vielleicht." (200)

In einer Tagebuchnotiz schreibt Hans Kammerlander: „Die wirkliche eigene Höchstgrenze ist der Tod! Das ist dann die Grenze, wo Du hättest aufhören müssen, aber dann ist es zu spät …" (201) Man kann die Grenze weit hinausschieben, unglaublich weit. Toni Kurz hing im Sommer 1936 in der Eiger-Nordwand, „an die senkrechte Wand geklammert, an einem Seil halb aufgehängt. (…) Das Retterteam erreichte den Fuß der Roten Fluh, in der Kurz vierzig Meter höher hing. ,Ich bin allein. Rainer ist oben erfroren, Hinterstoisser ist gestern abend abgestürzt, und Angerer hängt da unten tot.' Nach mehreren Stunden furchtbarer und geduldigen Anstrengungen war es soweit … Endlich, nach sechs Stunden Ausharrens, konnte Kurz an dem Seil hinabgleiten … Kurz kam dreißig Meter am Seil herab, schon glaubte man, ihn bald mit erhobenem Pickel erreichen zu können, da war plötzlich keine Bewegung mehr in ihm. Die Arme sanken herab, der Kopf fiel zurück: Kurz war tot. Er hatte sein

Leben zäh und mit einer Energie verteidigt, die menschliche Kräfte überstieg." (202)

Es kommt öfter vor, daß ein Kletterer im Angesicht der Rettung stirbt. Als ob endlich seine Spannkraft nachließe und er es sich gestattete, aufzugeben: zu früh. (Unter höchster Arbeitsanspannung und wenn der Urlaub noch in weiter Ferne liegt, halten wir noch aus; wenn es nur noch wenige Tage sind, meinen wir, es ginge partout nicht mehr.)

Viele Expeditionen nehmen ein gutes Ende, indessen häufen sich zuweilen die Katastrophen wie 1986 am K 2, wo 27 Bergsteiger den Berg bezwangen, aber 13 ihr Leben verloren. Wenn man Berichte darüber liest, ist man erstaunt, wie schnell in der Todeszone – so heißt der Bezirk oberhalb von 8000 Metern – ein Leben zu Ende ist. Jeder kennt das Risiko. Ist es Schicksal? Bergsteiger sind Süchtige, schreibt Reinhard Karl. Sie müssen es tun. „Damals war das eine große Wand, und ich mußte diese Wand klettern. Die Wand stand zwischen mir und dem Weiterleben." (203)

Um die Gefahr zu bannen, den Tod zurückzudrängen, greift der Mensch zu magischen Mitteln, wie er es schon vor Jahrhunderten getan hat. Er versucht, Zeichen zu sehen und fällt dem Aberglauben anheim. Ein Unglück passiert. Kammerlander überlegt: „Gibt es eine Choreographie, eine Theaterregie, wenn der Tod zuschlägt? Wie hatten wir noch über den Dreizehnten geflachst beim morgendlichen Aufbruch, gealbert über die Vorzeichen der vergangenen Woche? Und als der Hubschrauber dann die Toten barg, sie aufzog aus der Luft mit seiner Seilwinde, da gelang es ihm nicht sofort durchzustarten in der großen Höhe. Endlose Zeit, so schien es mir, ließ er die sterblichen Überreste noch baumeln über meinem Kopfe, der ich selber entnervt und zerstört neben der Spalte saß." (204)

„Dann erinnere ich mich an meine Mutter, die mir einen ‚Weihpfennig' mitgegeben hat, ein Marienmedaillon", schreibt Sepp Mayerl. „Ich habe es in der Vordertasche des Anoraks. Sie meinte, wenn ich diesen Gipfel erreichen würde, sollte ich es dort oben in den Schnee stecken. Der Schutz, der mir beim Aufstieg nahe war, würde mir auch auf dem Weg hinunter nicht fehlen. Langsam ziehe ich meine Handschuhe aus, stecke sie in die Brusttasche und entnehme ihr mit den Fingerspitzen dieses kleine Stück geweihten Silbers. Dann drücke ich das kleine Medaillon in den Schnee und hoffe, daß der Wunsch meiner Mutter auch in Erfüllung gehen werde." (205) Kukuczka befand sich 1985 mit Kameraden auf 8300 Meter Höhe am Lhotse, als sie zu der Überzeugung gelangten, „es sei unmöglich, weiterzugehen. Genau zu diesem Zeitpunkt verlor ich mein Silberkreuz, das ich an einem Kettchen trug. Ich hatte es von meiner Mutter geschenkt bekommen. War es eine Warnung? (…) Ich versuchte, es zu vergessen, aber es gelang mir nicht. Immer wieder suchte ich zum hundertsten Mal an den gleichen Stellen herum. Ohne Ergebnis. Bis ich es endlich eines Tages, als ich vor dem Zelt stand und staunend zur Wand des Lhotse aufschaute, mit dem Fuß aus dem Geröll grub. Welche Erleichterung! Als wäre ein Urteil aufgeschoben worden." (206) Kukuczka selbst hat erfahren, daß Todesfälle auf magische Weise rationalisiert wurden (mag es widersprüchlich klingen), indem von ihm gesagt wurde, er bringe Unglück.

Dann werden Querverbindungen und schicksalhafte Winke zu einer Geschichte hergestellt. „Denn seit dem Augenblick, in dem ich die tragische Nachricht erfuhr, werde ich den Gedanken nicht los, daß der Lhotse Jerzys Leben schon 1978, als sie zum ersten Mal ihre Kräfte maßen, unwiderruflich gezeichnet hat. (…) Wenn ich heute daran zurückdenke, erscheint mir dies alles als ein unwahrscheinliches, aber verteufelt logisches Zusammentreffen," räsonniert der Journalist Tomasz Malanowski im Epilog des Buches „Im vierzehnten Himmel". (207) Höhenbergsteigen ist eben russisches Roulette, ist Poker mit dem Einsatz des Lebens und erinnert mehr als jede andere Disziplin und Sportart an das Irrationale, das im Menschen steckt; und an einen heutzutage archaisch anmutenden Kampf gegen die Natur, den wir Menschen in Zentraleuropa nur noch aus Filmen und Medienberichten kennen.

Schätze im Berg

Das Meer ist endlos und verschluckt lautlos, doch die Berge
sind vielgestaltig, voller Spalten und Klüfte, Grate und Höhlen.
Der Berg gibt der menschlichen Phantasie viel zu spekulieren.
Das Dunkle kommt aus den Bergen, nicht aus dem Flachland:
wie der Vampir aus den Bergen Transsylvaniens.

Im Berg dachte man sich früher eine schöne Wiese, oder daß
das Berginnere ganz aus Silber und Gold sei. Meist verwalten
in der Volkssage Zwerge diesen Reichtum. Im Bussen, einem
767 Meter hohen Gipfel bei Biberach, soll ein großer Schatz
ruhen, der aber erst nach drei gefährlichen Prüfungen gewon-
nen werden könne. Da noch niemand das geschafft habe, wartet
er immer noch auf seinen Eroberer. (208) Natürlich leben auch
Kobolde und Erdmännlein im Berg. In heilige Berge, etwa in
den Untersberg, wurde ein Dom verlegt und ein Altar aus Gold.
Vor allem sind, wiederum nach dem Aberglauben-Handwörter-
buch, reiche Schätze im Berg verborgen, manchmal in einem
versunkenen Schloß. „Der Schatz wird von einer Jungfrau,
einer weißen Frau, einem schwarzen Hund (ein „chthonisches"
Tier: ein Tier der Unterwelt), mitunter von Drachen behütet.
Der Eingang zum Berg zeigt sich nur zu bestimmten Zeiten."
(209)

Und, wir wissen es aus dem Märchen, der Berg öffnet sich,
wenn man das rechte Zauberwort kennt. „Berg Semsi, Berg
Semsi, tu dich auf!" rufen die Räuber in Grimms Märchen
„Simeliberg". Ein armer Mann beobachtet sie und holt sich mit
der richtigen Losung Reichtümer ab, bis ihm eines Tages in
seiner Verwirrung der Name entfallen ist. „Berg Simeli, tu dich
zu!" ruft er. Nichts passiert, und die Räuber „schlugen ihm das
Haupt ab". (210) Bisweilen aber ist der Weg frei: „Oft über
Mittag, um Mitternacht, meist zu heiligen Zeiten, zu Weihnach-
ten, am Karfreitag während der Passion, am Ostersonntag,
wenn zum Hochamt geläutet wird (Salzkammergut), am
Walpurgis- und Johannistage steht der Berg, mancherorts nur
alle drei oder sieben Jahre offen. Wer da hineingeht, kann so
viel Gold nehmen, als er tragen kann. Viele wagen aber nicht

im rechten Augenblick zuzugreifen, andere, die sich Geld holen, kommen schwerkrank heraus, manche müssen sterben, wenn sie davon erzählen." (211)

Metaphysische Schätze: der Gral

Die Berge bergen Geheimnisse, die Läuterung und neues Leben versprechen. Alle Geschichten vom heiligen Gral haben auch mit den Bergen zu tun.

In der Sage, aufgeschrieben von Wolfram von Eschenbach Ende des 12. Jahrhunderts (es gibt auch andere Vorlagen), begeht der naive Held Parsifal nicht den Fehler, zu viel zu erzählen, sondern er stellt eine entscheidende Frage nicht. Er hätte, als er das Schloß des verwundeten Königs Amfortas erreichte, nach dessen Wunde fragen müssen. Er unterläßt das, erweist sich demnach als gleichgültig und muß das Schloß verlassen. Doch er schafft es später, heilt den König, erringt das Gralskönigreich und zieht sich dennoch in die Einsamkeit zurück. Doch wichtiger als die grobe Handlung sind die Symbole, Namen und Allegorien, wie uns Julius Evola in seinem „Mysterium des Grals" darlegt.

Der Gralsheld muß gehorsam gegenüber den Grundsätzen der Wahrheit, der Treue und der ritterlichen Ethik sein. Diese Eigenschaften muß er aber zur Lösung einer Aufgabe einsetzen: zur Wiedererweckung des Grals. Dieser tritt in den Urtexten auf als rätselhafter Gegenstand aus einem unbestimmten Material, als Stein („Stein des Lichts") und als Schale, Becken oder Gefäß. Von ihm strahlt ein überirdisches Licht aus, er speist den Menschen auf metaphysische Art, heilt tödliche Verwundungen und verleiht Sieges- und Herrschaftskraft. Allerdings kann er auch blenden und wie ein Blitz treffen. Der Gral und der verwundete König in seinem Schloß, der der Erlösung harrt – diese Motive erscheinen nach Evola „am Höhepunkt des letzten großen Versuches des Abendlandes, sich in einer allumfassenden geistig-männlichen und kaiserlichen Kultur wieder aufzurichten." (212)

Der Gral wird auch in Verbindung gebracht mit den Templern und den Katharern. Die Tempelritter gründeten sich um 1118, als neun Männer zusammenkamen, um sich in Gehorsam und Askese dem Kampf für ein diesseitiges Jerusalem zu widmen. In Jerusalem stand auch ihre Burg. Eschenbach läßt Tempelritter mit ihren weißen Gewändern und dem roten Tatzenkreuz darauf den Gralsschatz bewachen (bei ihm hei-ßen die Ritter „Templeisen"). Philipp der Schöne im Verein mit der katholischen Kirche verfolgte die Templer grausam, die unter der Folter die ihnen zur Last gelegten Anklagepunkte zugaben. 1314 wurde ihr letzter Großmeister Jacques de Molay verbrannt. Es gab angeblich Verbindungen zwischen Templern und Katharern. Die Templer sollen sich nicht an der Verfolgung der Katharer beteiligt, ihnen sogar Unterschlupf gewährt haben. Parsifal soll dem Katharer Raymond-Roger Trencavel nachgebildet sein, dem Verteidiger der Katharer-Burgen Carcassonne und Béziers. (213)

Die Katharer (die „Reinen"), die Anfang des elften Jahrhunderts erblühten und um Toulouse bis hinunter zu den Pyrenäen lebten, galten der katholischen Kirche als Ketzer, weil sie Gott mit dem Spirituellen identifizierten und behaupteten, er habe die Welt verlassen; die Materie gehöre dem Dämon. Die Katharer lebten streng, wollten nicht einmal Almosen, waren dagegen, Kinder in die Welt zu setzen und lebten ganz für sich. Sie waren zwar christlich, doch ihre Askese, ihr unbedingtes Streben nach dem Paradies und ihr Manichäismus – der Widerstreit zweier Grundprinzipien, gut und böse – waren den damals wollüstigen und herrschsüchtigen Herren von Rom ein Dorn im Auge. Sie wurden siebzig Jahre vor den Templern verfolgt und ausgerottet: Ihre Burg Montségur wurde monatelang belagert, bis das Wasser ausging. Zu Zehntausenden wurden die „Cathari", die Reinen, dann in einem Kreuzzug getötet und auf dem Scheiterhaufen verbrannt.

Am 18. März 1244 bestiegen 250 Katharer freiwillig den Scheiterhaufen, weil sie nicht abschwören wollten. Monika Hauf schreibt: „In der letzten Nacht vor Ablauf dieser Zeitspanne sollen sich vier Katharer an Seilen den steilen Burgberg herabgelassen und den Kordon der Belagerer unbemerkt durchbrochen haben. Und sie sollen etwas mit sich geführt haben, das von zentraler Bedeutung für ihre Weltanschauung und von essentieller Wichtigkeit für ihre Kulthandlungen war. (...) Natürlich wurde dieser Gegenstand, der wichtig und unersetzlich genug war, um das Leben sämtlicher Geiseln aufs Spiel zu setzen, mit dem Heiligen Gral identifiziert." (214)

Außerdem gibt es noch die Geschichte eines Templer-Schatzes in Rennes-le-Chateau bei Toulouse, den diese auf der Durchreise versteckt haben sollen. Ein Priester soll ihn gefunden, nur seine Haushälterin eingeweiht haben und dann in Saus und Braus gelebt haben. Das Geheimnis wurde, wie das mit Geheimnissen so oft ist, nie enthüllt.

Bei dem Autor Chrétien von Troyes, der um das Jahr 1174 eine der vielen Versionen der Gralssuche niederschrieb, erreicht Perceval die Grenze des Gralsbezirks.

Er trifft zwei Männer. „Sie rieten ihm dann, der schmalen Paßstraße durch die Felsen flußaufwärts bis zum Anfang des Tals zu folgen. Dort käme er übers Wasser und könne dann auf dem anderen Ufer zurückreiten. Perceval ritt also den Weg bergaufwärts, wie sie vorgeschlagen hatten. Bald gelangte er auf den Gipfel eines Bergkegels. Aber Perceval konnte von diesem Gipfel aus nichts sehen, ganz plötzlich war das Tal unter ihm verschwunden. Um ihn herum gab es nur Himmel und kahle Erde.

Perceval folgte dennoch weiter dem Rat der Männer und begann den Abstieg von dem steilen Paß. Er entdeckte bald unter sich eine Burg. Sie war nicht vollständig hinter Bäumen und dem steilen Abhang verborgen. Bald konnte der Held ihren eckigen Bergfried sehen und einen weiteren großen Turm, flankiert von zwei Seitentürmchen. Es war die Burg des Heiligen Gral." (215)

Weiter: „Ein besonderes Mysterium liegt über dem Ort, der Artus und seinen Zeitgenossen als absolut heilig galt. Vom profanen Bezirk gelangte man offenbar durch geheimnisvolle Gänge, wie sie auch von anderen alten Heiligtümern und Orakelstätten her bekannt sind, zum Sanktum. Verdichtet und unwirklich lief dort die heilige Zeit ab, oder besser: die Zeit kippte um in die Vertikale, öffnete sich in die Tiefe.

Das innere Heiligtum war von Licht erfüllt, gleißend weiße Objekte vor grau-undeutlichem Hintergrund – blendendes Feuer vor dunklem Stein, so sagt Chrétien. Es gab weibliche Wesen, unsagbar schön und jung; vertraute Symbole, Gestalten in schimmernd weißen Gewändern zogen vorbei, feierliche Zeremonien, Totenstille. Hörner erschallten von vier Ecken der Burg, wohl um Augenblicke besonderer Feierlichkeit anzukündigen – in späteren, christlicheren Zeiten, wurden sie, so scheint es, durch Glocken ersetzt. Dann lief die eigentliche Weihehandlung ab: Der Gral erschien, umgeben von blendend weißem Licht." (216)

Es gab immer unterschiedliche Auslegungen dessen, was der Gral sei. Er war wahrscheinlich ein Trinkgefäß aus „reinstem und unvermischtem Gold", zu dem aber auch eine Lanze, ein Schwert und eine Platte gehören – eine Viererkonstellation. Der Gralskelch besitzt, wie wir wissen, heilende Kräfte und speist die gläubigen Scharen, weist auf das Leben Christi hin, auf das Letzte Abendmahl und das Sakrament der Eucharistie. In ihm manifestiert sich der Geist der Liebe. Bei einigen Autoren gibt er auch ewiges Leben.

In jedem Falle ist er nur unter Mühen zu erlangen – Mühen, die mehreren Bergbesteigungen entsprechen oder der langen Wanderschaft des Lebens; vielleicht kann man ihn gar nicht besitzen (was uns nicht freut), und vielleicht ist er auch – unsichtbar – unter uns, irgendwo, und sei es nur deshalb, weil manche Menschen sinnbildlich auf der Suche nach ihm sind. Bergsteiger gehören gewiß zu ihnen.

Nachwort

Manches, von dem ich auf den nunmehr zurückliegenden
Seiten erzählt habe, wirkt altertümlich: Niemand glaubt mehr,
daß ein Berg ein Gott sei; niemand glaubt mehr an Drachen,
Feen und den heiligen Gral. Wir glauben vielleicht an Außerirdische, an die Existenz des Bernsteinzimmers und an die Wirkung von Alternativmedizin. Die Zahl der Sagen hat sich nicht
verringert: Sie sind nur konkreter, „diesseitiger" geworden; und
die Berge leichter erreichbar, vermeintlich weniger gefährlich.
Wir brauchen uns um sie nicht zu kümmern, könnten sogar –
wenn wir in der Stadt leben – ihre Existenz einfach verleugnen.
Wenn wir dann aber im Auto auf dem Weg nach Italien durch
die Berge fahren, wissen wir wieder, daß die hohen Berge noch
da sind und immer da sein werden, auch nach unserer Lebenszeit. Klein wird man dann, fast wie der Mensch der Frühzeit,
und vielleicht versteht man dann das Pathos und die Begeiste-
rung, die sich einschleichen. Der Berg ist ein mächtiges Symbol und ein gewaltiger Schauplatz. Ich finde, er hat diese Wür-
digung verdient.

Anmerkungen

Träume – Vorahnungen – Erscheinungen

(1) Piccinini, Maria Grazia, Rinaldi, Gian Marco: I Fantasmi dei Morenti. Inchiesta su una credenza. Viareggio 1990, S. 240/241

(2) Simpson, Joe: Sturz ins Leere, Zürich 1989, S. 66/67

(3) Reinisch, Gertrude; Bauer, Willi: Licht und Schatten am K2. Innsbruck/Frankfurt 1988, S. 25

(4) Blum, Arlene: Annapurna. Stuttgart 1982, S. 170

(5) ebd., S. 267

(6) Ebon, Martin: „Die Titanic wird untergehen und Kennedy getötet werden", München 1974, S. 161

(7) Jaffé, Anjela: Geistererscheinungen und Vorzeichen, Freiburg/Olten 1978, S. 162

(8) The Killiecrankie Ghost, in: Selected Highland Folktales, R. Macdonald Robertson, London/Vancouver 1977, S. 45/46

(9) Fate, New York, September 1969, S. 74–76

(10) Salter, W. H.: Ghosts and Apparitions. London 1938, S. 83

(11) Haraldsson, Erlendur: Begegnungen mit Verstorbenen, in: Aspekte der Paranormologie, Innsbruck 1992, S. 469–482

(12) West, D. J.: A Pilot Census of Hallucinations, in: Proceedings of the Soc. for Psych. Res., Vol. 57, Part 215, April 1990, S. 163–204; S. 200

(13) in: Mackenzie, Andrew: The Seen and the Unseen. London 1988, S. 274

(14) Sagen aus Südtirol, Hg.: Marianne Direder-Mai, Leander Petzoldt, München 1993, S. 78/79

(15) Report on the Census of Hallucinations, in: Proceedings of the Society for Psychical Research, London, 1894, S. 39

(16) The World's Great Ghost & Poltergeist Stories, Sarah Hapgood. London 1994, S. 156/157

(17) Jaffé, wie (7), S. 171/172

(18) Kordilleren-Spuk, in: Zentralblatt für Okkultismus, Leipzig, November 1921, S. 215–218

135

(19) zit. in: Grabinski, Bruno: Spuk und Geistererscheinungen – oder was sonst? Gröbenzell 1970, Band II

(20) Autor: Uwe Lützel, Reimmichls Volkskalender, Bozen 1995, S. 64–69

(21) Rushdie, Salman: Die Satanischen Verse, Frankfurt 1989, S. 218–220

(22) pers. Zuschrift, 1995

(23) Fate, Dezember 1993, S. 88–92

(24) pers. Zuschrift vom 25. 7. 1997

(25) Mackenzie, Andrew: Hauntings and Apparitions. London 1982, S. 130

(26) White, Rhea, Murphy, Michael: Psi im Sport. München 1983, S. 102/103

(27) Spencer, John und Anne: The Encyclopedia of Ghosts and Spirits. London 1992, S. 244/245

(28) in: Pause, Walter (Hg.): Der Tod als Seilgefährte. 4. Aufl., München/Bern/Wien 1977, S. 93/94

(29) Moolenburgh, C. H.: Engel – Helfer auf leisen Sohlen. Freiburg 1993, S. 38/39

(30) zit. in: Sizemore, Chris Costner: A Mind of my Own, New York, 1989, S. 247

(31) Pause, wie (28), S. 25/26

(32) Pause, S. 40

(33) Mayerl, Sepp: Der Turm in mir. Rosenheim 1990, S. 77/78

(34) ebd., S. 32

(35) Terray, Lionel: Vor den Toren des Himmels. München 1965, S. 54

(36) Blum, S. 219

(37) Karl, Reinhard: Erlebnis Berg: Zeit zum Atmen. München 1993, Neuausgabe, S. 90

(38) Karl, S. 150

(39) Karl, S. 90

(40) Kukuczka, Jerzy: Im vierzehnten Himmel. München 1990, S. 238

(41) Karl, S. 119

(42) Agence France Presse, in: Frankfurter Allgemeine Zeitung, Aus aller Welt, 19. 12. 1997

(43) Anecdote by the Lady, Boston Budget, 31. Aug. 1890, Society for Psychical Research, VIII, S. 345, in: Lang, Andrew: The Book of Dreams and Ghosts. London, Bombay 1897, S. 82

(44) Pause, S. 172–175

(45) Simpson, wie (2), S. 121

(46) Simpson, S. 123

(47) Pigorini-Beri, Caterina: Costumi e Superstizioni dell'Appenino marchigiano. Città di Castello 1889, S. 276/277

(48) Diemberger, Kurt: Gipfel und Geheimnisse. Wien 1980; Vorwort
(49) Die Schwarzen Führer: Franken. Freiburg 1996, S. 28/29
(50) Richardi, Hans-Günter: Unheimliche Plätze in Bayern, Pfaffen-hofen/Ilm 1977, S. 69
(51) Handwörterbuch des Deutschen Aberglaubens, Leipzig/Berlin 1936, S. 1045
(52) Ein nächtliches Erlebnis im Schwarzwald, in: Zentralblatt für Okkultismus, XX. Jg., Juli 1926, S. 333–336
(53) Hentschel, Karl-Heinz: Grenzzeichen, Untergänger und „Geheime Zeugen", in: Zur Geschichte des Vermessungswesens, Bd. 8 der VDV-Schriftenreihe, Wiesbaden, S. 88–98
(54) Richardi, wie (50), S. 115
(55) Sagen aus Südtirol, wie (14), S. 228
(56) ebd., S. 228–230
(57) Handwörterbuch, wie (51), S. 1075/1076
(58) Iwasaka, Michiko, Toelken, Barre: Ghosts and the Japanese, Logan (Ut.), 1994, S. 88/89
(59) ebd., S. 83–85
(60) Hauck, Dennis William: The National Directory of Haunted Places. Sacramento 1994, S. 335
(61) Friedl, Paul: Geister im Waldgebirg. Rosenheim 1975, S. 140/141
(62) Internet: www. gutenberg. aol. de/maerchen/sagen/rubeza01. htm
(63) Underwood, Peter: Gazetteer of Scottish and Irish Ghosts. London 1973, S. 34–37
(64) Hauck, wie (60), S. 25
(65) Richardi, S. 121
(66) ebd., S. 123
(67) ebd., S. 96
(68) Pleticha, Heinrich: Höhlen, Wunder, Heiligtümer. Freiburg, Basel, Wien 1994, S. 131/132
(69) Robertson, wie (8), S. 141
(70) aus: Laval, Ramon A.: Cuentos Populares Chilenos, Santiago 1968, S. 295/296
(71) Asal, Susanne: Vor dem Trauco weiß sich keine Frau zu retten, Frankfurter Allgemeine Zeitung, 12. 3. 1998, S. R4
(72) Pleticha, S. 134/135
(73) Evans Wentz, Walter Y.: The Fairy Faith in Celtic Countries, Atlantic City 1977 (orig. 1911), S. 61
(74) ebd., S. 99
(75) Briggs, Katherine: The Vanishing People, London 1978, S. 82

(76) Robertson, S. 21
(77) Sagen aus Südtirol, S. 7
(78) Isler, Gotthilf: Die Sennenpuppensage. Bern 1971, S. 141
(79) Sagen aus Südtirol, S. 118
(80) nach: Mitos supersticiones y superviviencias populares de Bolivia, M. Rigoberto Paredes, La Paz 1920; S. 53/60
(81) Enzyklopädie des Märchens, Hg. Rolf Wilhelm Brednich, Bd. 2, Berlin 1979, S. 140
(82) Sagen aus Südtirol, S. 118
(83) ebd., S. 119
(84) Isler, S. 257; aufgezeichnet von Major Sigmund, erzählt in Nußdorf am Inn, 1904
(85) Isler, S. 39–41
(86) „Elvis Presley soll in fliegender Untertasse zurückkehren", AFP (Agence France Presse), 3.12.1990
(87) Deutsche Presse-Agentur, 0227, 24. Juli 1997
(88) Shackley, Myra: Und sie leben doch. München 1983, S. 72
(89) Creighton, Gordon: Abominable Snowman. S. 173–181; Sanderson, Ivan T.: Abominable Snowman – Legend Come to Life. New York 1961 (dt. 1968), S. 267–270
(90) ebd., S. 118
(91) Sanderson, S. 51
(92) Schäfer, Ernst: Über den Himalaya ins Land der Götter. Neuausgabe, Durach 1989, S. 76
(93) Aracil, Miquel G.: Guía de la Catalunya Paranormal y Magica, 3. Auflage, 1992, Barcelona; S. 29/30
(94) Bigfoot Co-op, Whittier, Colorado, Vol. 14, Okt. 1993; S. 3
(95) Shackley, wie (88), S. 100
(96) Heuvelmans, Bernard: What Is Cryptozoology? In: Cryptozoology, 1986, Tucson, Arizona, S. 1–12

Zeichen und Deutungen

(97) Mazeaud, Pierre: Schritte himmelwärts. Zwischen Montblanc und Montmartre. Seebruck 1968, S. 157/166
(98) Whymper, Edward: Berg- und Gletscherfahrten in den Alpen in den Jahren 1860 bis 1869. (Braunschweig 1872), Reprint Darmstadt 1982, S. 486–489
(99) Ein grausames Verhängnis, in: Der Tod als Seilgefährte, Hg.Walter Pause, 4. Aufl., München/Berlin/Wien 1977, S. 113/114
(100) Aschauer, Josef: Nur ein Schneerutsch, in: Pause, S. 136
(101) Die Spur in den Tod, in: Pause, S. 116

(102) Diemberger, Kurt: Gipfel und Gefährten. München 1990, S. 138

(103) Tranquility Tinged With Terror, David Wilson; Kindred Spirit, Vol. 3 No 8, S. 22

(104) Robertson, S. 101

(105) Richardi, S. 99

(106) Lysaght, Patricia: The Banshee. Dublin 1986, S. 127

(107) Rigoberto Paredes, wie (80), S. 67

(108) Haid, Hans: Mythos und Kult in den Alpen. Rosenheim 1990, S. 34

(109) in: Los Indios Andinos Como Precursores del Alpinismo, Revista Andina, Juli 1968, Santiago de Chile, No. 90; S. 25

(110) Harrer, Heinrich: Geister und Dämonen. Frankfurt/Berlin 1969, S. 66

(111) Gaddis, Vincent: Mysterious Fires and Lights. New York 1967, S. 88/89

(112) nach: Geo 02/95, S. 142, in Internet. „Geister in der Stratosphäre"

(113) Evans Wentz, W. Y.: Cuchama – Berge der Welt. Basel 1984, S. 64

(114) Goethe, Johann Wolfgang von: Dichtung und Wahrheit, Zweiter Teil, sechstes Buch. Frankfurt 1974, S. 269

(115) Bozzano, Ernesto: Discarnate Influence in Human Life. London 1938, S. 182/183

(116) Sagen aus Südtirol, S. 174

(117) Friedl, S. 70

(118) Mummery, Albert Frederick: Meine Bergfahrten. München 1988 (orig. 1895); S. 36/39

(119) Blum, S. 273

(120) Hummeln oder Wespen? in: Pause, S. 83

(121) Friedl, S. 59

(122) Isler, S. 35

(123) Sagen aus Südtirol, S. 17

(124) Evans Wentz: The Fairy-Faith in Celtic Countries, 1911/1977, S. 155

(125) Robertson, S. 192/193

(126) von Ludwiger, Illobrand: Der Stand der UFO-Forschung. Frankfurt 1992; S. 39

(127) Hendry, Allan: The UFO Handbook. Garden City 1979

(128) Kindred Spirit, S. 21

(129) Gramminger, Ludwig: Lehrstunden am Grubenkarpfeiler, S. 176–178, in: Pause, S. 177/178

Verstörende Signale: Spuk

(130) Volmar, V. A.: Spukhaftes in Erlebnissagen, in: Zeitschrift für Parapsychologie, Freiburg, Jg. 14 (1972), S. 130–132

(131) Slocum, Joshua: Allein um die Welt. Frankfurt/Berlin, 1993; S. 45/46
(132) Nachtgespenst in Skistiefeln, in: Zeitschrift der Jugend des Deutschen Alpenvereins, München, 16. Jg., Heft 6, S. 252
(133) zit. in: White, Murphy: Psi im Sport, S. 106
(134) Moser, Fanny: Spuk, Teil II (unveröff., ca. 1950, am Institut für Grenzgeb. d. Psych., Freiburg), S. 273–276
(135) Bozzano, Ernesto: Die Spukphänomene. Bamberg, 1930
(136) pers. Mitt., Febr. 1998
(137) Lucadou, Walter von, Poser, Manfred: Geister sind auch nur Menschen, Freiburg 1997, S. 43
(138) Volmar, F. A.: Berner Spuk. Bern 1969, S. 205 – S. 210/211
(139) Lucadou, Poser, S. 64/65
(140) Moser, Fanny: Spuk. Ein Rätsel der Menschheit. Neuausgabe Olten, Freiburg, 1977 (orig. 1950); S. 185
(141) Conti, Sergio: Le Campane di Carpegna, in: Giornale dei Misteri, Florenz, 226, 1971, S. 71–73
(142) Volmar, F. A.: Das geheimnisvolle Läuten im Schloss Holligen, Sonderdruck aus „Berner Zeitschrift für Geschichte und Heimatkunde" 1952/1, Bern, S. 9
(143) ebd.
(144) Bozzano, wie (135), S. 181/182

Bilder aus dem Inneren

(145) Diemberger, Kurt: Gipfel und Geheimnisse. Wien 1980, S. 241/245
(146) Karl, S. 107
(147) Reinisch/Bauer, S. 199
(148) Die rettenden Ohrfeigen, in: Pause, S. 149
(149) Simpson, S. 170/171
(150) ebd., S. 167
(151) Kukuczka, Jerzy: Im vierzehnten Himmel, München 1990, S. 190/191
(152) Schneesturm am Kopftörlgrat, S. 68, in: Pause
(153) Mann, Thomas: Der Zauberberg, Frankfurt 1986, S. 685/686; Kapitel „Schnee", S. 647–688,
(154) Kukuczka, S. 185
(155) ebd., S. 146
(156) in: Moody, Raymond A.: Das Licht von drüben. Reinbek 1992, S. 171

Botschaften aus dem Jenseits?

(157) Journal of the Society for Psychical Research, Vol. 48, No. 769, London, September 1976, S. 318
(158) White, Murphy, S. 105
(159) S. P. R.-Journal, wie (157), S. 320
(160) Rogo, Scott D., Bayless, Raymond: Phone Calls from the Dead, New Jersey 1979, S. 29
(161) Biondi, Massimo: Le Telefonate dall'Aldila': Una Nuova Fenomenologia Paranormale? In: Quaderni di Parapsicologia, Bologna, Anno XV, 1984, S. 60–67

Heilige Berge

(162) Evans Wentz, Cuchama, S. 27
(163) Enzyklopädie des Märchens, S. 140
(164) Harrer, S. 67
(165) Moran, Kerry: Kailas, München 1990, S. 9
(166) Blum, S. 128
(167) Wellershoff, Dieter: Blick auf einen fernen Berg, Frankfurt 1993, S. 181–183
(168) in: Meade, C. F.: High Mountains, 1951, S. 95
(169) ebd., S. 96
(170) Karl, S. 97
(171) Meade, S. 96
(172) Kukuczka, S. 173
(173) Mummery, S. 237
(174) zit. in: Bonington, Chris: Triumph in Eis und Fels, Stuttgart 1995, S. 206
(175) Exodus, 3,4–5, Die Bibel, Freiburg u. a., 1980
(176) Hauck, Dennis, S. 23–26
(177) Pennick, Nigel: Hitler's Secret Sciences. Sudbury, 1981, S. 57
(178) Landspurg, Adolphe: Orte der Kraft; Schwarzwald und Vogesen. Straßburg, 1994. S. 49/34
(179) Basta Giron, 1977, zit. in: Andritzky, Walter: Jahrbuch für Ethnopsychologie. Berlin 1991, S. 62
(180) Handwörterbuch, Band II, S. 1053
(181) Fürst, Artur, Moszkowski, Alexander: Das Buch der 1000 Wunder. München 1916, S. 317
(182) Andritzky, S. 62
(183) Karl, S. 106
(184) Kukuczka, S. 51

(185) ebd., S. 51
(186) Skinner, Stephen: Chinesische Geomantie. München 1983, S. 33
(187) Rossbach, Sarah: Feng Shui. London 1985, S. 148

Der Berg und das Geheimnis

(188) Enzyklopädie des Märchens, S. 142
(189) Handwörterbuch, S. 1044
(190) ebd., S. 1049
(191) Briggs, Katherine: The Vanishing People. London 1978, S. 45/46
(192) Evans Wentz, Fairy Faith, S. 57
(193) Richardi, S. 155
(194) aus: Internet – www.wildweb.de/sagen/neuleing.html
(195) Handwörterbuch, Band I, S. 1056 ff
(196) Die Eigernordwand: Mythos aus Kalk, Erwin Koch, Zeit-Magazin
(197) Alpin, München, 1990, S. 87
(198) Kammerlander, Hans: Abstieg zum Erfolg. München 1987, S. 22
(199) ebd., S. 55
(200) ebd., S. 52
(201) ebd., S. 53
(202) Terray, Lionel: Vor den Toren des Himmels. München 1965, S. 115/116
(203) Karl, S. 160/161
(204) Kammerlander, S. 50
(205) Mayerl, S. 124
(206) Kukuczka, S. 53
(207) ebd., S. 236
(208) Pleticha, S. 120
(209) Handwörterbuch, S. 1051
(210) Simeliberg, in: Märchen der Gebrüder Grimm, Berlin 1937, S. 297–300
(211) ebd., S. 1051/52
(212) Evola, Julius: Das Mysterium des Grals. Schwarzenberg 1978, S. 59
(213) nach: Monika Hauf: Der Mythos der Templer. Düsseldorf 1995, S. 172
(214) Hauf, S. 173
(215) Goodrich, Norma Lorre: Die Ritter von Camelot, München 1994, S. 311
(216) ebd., S. 314

Gruselatmosphäre in Wort und Bild –
schaurig schöne Bildbände von Simon Marsden

Im Reich der Geister
Eine Reise zu mysteriösen Orten auf den Britischen Inseln

Sonderausgabe, 28,6 x 22,8 cm, 128 Seiten mit 106 Fotografien in Duoton,
Pappband, ISBN 3-89102-258-1

Geistersuche
Auf den Spuren des Unheimlichen von Irland bis Transsilvanien

Sonderausgabe, 28,6 x 22,8 cm, 128 Seiten mit 100 Fotografien in Duoton,
Pappband, ISBN 3-89102-265-4

Spuk und Gespenster
Verwunschene Orte auf den Britischen Inseln

28,6 x 22,8 cm, 128 Seiten mit 83 Schwarz-Weiß-Fotos in Duoton,
geb. mit Schutzumschlag, ISBN 3-89102-269-7

Das Reich des Grauens
Die Welt des Edgar Allan Poe in Bildern und Texten

Sonderausgabe, 28,6 x 22,8 cm, 136 Seiten mit 22 Erzählungen und Gedichten von
Edgar Allan Poe in der Übersetzung von Arno Schmidt und Hans Wollschläger.
Mit einer Einführung und 45 Fotografien in Duoton von Simon Marsden,
Pappband, ISBN 3-89102-267-0

Geheimnisvolles Irland
Ruinen, Abteien, Schlösser, Herrenhäuser

22,6 x 29,4 cm, 128 Seiten mit 75 Fotografien in Duoton,
geb. mit Schutzumschlag, ISBN 3-89102-262-X

Eulen Verlag

Die Schwarzen Führer

Die „Schwarzen Führer" erschließen das geheimnisvolle Deutschland, seine sagenumwobenen und märchenhaften Plätze, führen zu den verwunschenen und mysteriösen Orten, in die Vergangenheit.
„Gegenüber den alten und unkritisch immer wieder nachgedruckten Sagensammlungen bieten die ‚Schwarzen Führer' einige bemerkenswerte Neuerungen: Abbildungen des Sagengeschehens – meist in Form von Stichen aus älterer Graphik –, vor allem aber genaue Ortsbeschreibungen und historische Nachweise. Dabei werden die Sageninhalte nicht weitschweifend erzählt, sondern auf ihre Grundzüge reduziert."

Professor Lutz Röhrich

Bergisches Land von Stephan Nuding

Franken von Peter Bräunlein

Hamburg – Schleswig-Holstein von Astrid Paulsen und Ulrike Looft-Gaude

Der Harz von Werner Bartens

München – Oberbayern von Ingrid Berle, Marie Luise Hoffmann, Renate Könke und Marie-Louise Schmeer-Sturm

Nordwestdeutschland von Claudia Liebers

Sachsen von Frank Winkelmann

Schwaben-Bodensee von Erich Viehöfer

Schwarzwald von Ines Heim

Thüringen von Rainer Hohberg

Westfalen von Renate Schmidt-V. und Gustav-Adolf Schmidt

Weitere Bände in Vorbereitung

Eulen Verlag